MW00713913

EL HACEDOR DE GOLOSINAS CONGELADAS YONANAS

La guía de cocina más deseada para comenzar un estilo de vida más saludable mientras come postres bajos en azúcar, quema grasa, baja la presión arterial y pierde peso rápidamente en 3 semanas

Mary Rodriguez

Este documento está orientado a brindar información exacta y confiable con respecto al tópico y tema tratado.

- De una Declaración de Principios que fue aceptada y aprobada igualmente por un Comité de la Asociación de Abogados de Estados Unidos y un Comité de Editores y Asociaciones.

La información proporcionada en este documento se declara veraz y coherente, en el sentido de que cualquier responsabilidad, en términos de falta de atención o de otro tipo, por cualquier uso o abuso de las políticas, procesos o instrucciones contenidas en él, es responsabilidad exclusiva y absoluta del lector receptor. Bajo ninguna circunstancia se imputará al editor ninguna culpa o responsabilidad legal por cualquier reparación, daño o pérdida monetaria debido a la información contenida en este documento, ya sea directa o indirectamente.

Los respectivos autores poseen todos los derechos de autor que no pertenecen al editor.

La información contenida en este documento se ofrece únicamente con fines informativos y, por lo tanto, es universal. La presentación de la información es sin contrato ni ningún tipo de aseguramiento de garantía.

Las marcas comerciales que se utilizan son sin consentimiento y la publicación de la marca comercial se realiza sin permiso o respaldo del propietario de la marca comercial. Todas las marcas comerciales y marcas incluidas en este libro tienen únicamente fines aclaratorios y son propiedad de los propios propietarios, no están afiliadas a este documento.

TABLE OF CONTENTS

INTRODUCCIÓN

Gracias por descargar este libro, Mi Máquina de Postres Helados Yonanas.

Te aseguro que no te arrepentirás.

A casi todo el mundo le encantan los postres, sobre todo los postres helados. Todos tenemos nuestra forma distinta de hacer postres, y todos son buenos a su manera. Algunos hacen postres a la antigua, con mucho trabajo y sudor.

Otros elaboran postres con la última tecnología, como la Máquina de Postres Helados Yonanas. Utilizar esta máquina no es tan difícil como parece. Tiene un manual muy claro que te guiará a través de tu primera experiencia con Yonanas para crear tus propios postres helados sin ningún problema.

La Máquina de Postres Helados Yonanas es fácil de limpiar e incluso más fácil de operar, lo que la convierte en el instrumento perfecto para toda la familia. También te permitirá preparar tus postres y delicias heladas en tan solo unos minutos. Puedes hacerlo todo tu mismo cuando lo desees, sin la ayuda de nadie más.

Prepárate para una nueva experiencia de elaboración de postres helados. En este libro, descubrirás cómo hacer deliciosos helados, paletas heladas saludables e incluso sorbetes deliciosos en casa con la Máquina de Postres Helados Yonanas.

Lo mejor de todo es que esta fantástica máquina no te costará ni un brazo ni una pierna. Sí, esta máquina de postres te proporcionará asequibles postres de calidad. Todos estos están disponibles a un precio muy razonable, así que selecciona tu Yonanas y comienza a crear tus propios postres helados.

La Máquina de Postres Helados Yonanas está diseñada para satisfacer todas tus necesidades, ya sea que desees experimentar con postres helados para compartir durante las celebraciones o preparar un postre que te hará sentir bien todos los días. Verás que no importa en qué parte del mundo te encuentres, cuánto dinero tengas o qué idioma hables; la Máquina de Postres Helados Yonanas les dará a todos la oportunidad de deleitarse con postres helados sin tener que gastar una fortuna en ellos.

"¡Me encanta la Máquina de Postres Helados Yonanas!"

"Después de haber probado los postres helados comprados en la tienda, tengo que decir ... ¡Yonanas es MI favorita!"

"Sabe mucho mejor y puedes hacerlo más saludable agregando ingredientes saludables".

"Yo uso leche de almendras casera como uno de mis ingredientes, ¡y sabe un poco a helado de Almond Joy! ¡También agrego una cucharada saludable de mantequilla de maní para un sabor como el de los chocolates Reese's! "

"Hagamos un pequeño resumen de dónde comenzó este increíble dispositivo".

"Estoy seguro de que vino de la mente de una madre creativa, pero la Máquina de Postres Helados Yonanas fue producido por Yonanas Ltd. en 2010".

"La máquina de postres helados tiene tres partes: una barra, una base y un motor".

"Para hacer un delicioso postre helado, pones tus ingredientes en la base y la bloqueas en la parte superior del motor; luego giras la barra para postres helados y presionas iniciar".

"Una vez completada, puedes comer tu creación de inmediato o guardarla en el congelador para comerla más tarde. La Máquina de Postres Helados Yonanas es fácil de usar con solo cinco botones".

"Tiene el botón de encendido, el botón de modo, los botones para subir y bajar la temperatura y el botón de iniciar/pausar".

"Hay una luz roja para avisarte que la máquina de postres helados Yonanas está encendida, luego una luz verde cuando termina de hacer tu dulce".

"La forma en que uso mi máquina de hacer postres helados Yonanas".

"Pongo todos mis ingredientes en la base y lo aseguro en la parte superior del motor; luego giro la barra de postres helados y presiono iniciar".

"Una vez terminada, como mi creación de inmediato o la guardo en el congelador para comerla más tarde".

"¡Me encanta la máquina de postres helados Yonanas!"

"Es fácil de usar y hace golosinas más saludables que las que se compran en la tienda".

Este libro no solo contiene los conceptos básicos sobre Yonanas, sino también recetas que puedes hacer con ella.

¿Estás listo ahora para comenzar a hacer tus postres?

CAPÍTULO 1: POR QUÉ COMPRAR Y ESCOGER YONANAS

La primera pregunta que podría estar en la mente de algunos es el por qué necesitan comprar la Máquina de Postres Helados Yonanas ¿Cuál es el significado de comprar la Máquina de Postres Helados Yonanas? ¿Por qué solo este producto, por qué no otros productos del mismo tipo como la máquina de postres helados que también puede hacer helados?

Máquina de Postres Helados Yonanas

Primero, ¿qué es la Máquina de Postres Helados Yonanas? Es un nuevo dispositivo revolucionario para hacer postres helados saludables y deliciosos en minutos sin hielo ni electricidad. La máquina utiliza tres ingredientes simples, polvo Yonana, bananas y azúcar. Es la forma más fácil de comer saludable teniendo el sabor de tu helado favorito.

Para aquellos que no saben qué es, la Máquina de Postres Helados Yonanas es un nuevo tipo de fabricante de postres helados. Utiliza bananas como ingrediente para crear un nuevo sabor saludable de postre helado. La máquina puede hacer todo tipo de sabores, desde helados hasta sorbetes y otros postres helados.

¿Por Qué Necesitas Yonanas?

La primera vez que escuchamos sobre la Máquina de Postres Helados Yonanas, nos sorprendió el cómo funciona y lo saludable que es. Teníamos la curiosidad de saber más sobre la Máquina de Postres Helados Yonanas, un producto de Yonanas Kitchen Inc., que fue inventado por un ex abogado en 2008.

Pero, ¿qué es más que la creación del postre? La máquina utiliza tres ingredientes simples en solo minutos sin hielo ni electricidad. Esta tecnología ha ganado 17 premios por su diseño, incluido el Premio de Diseño Red Dot 2013. Es una buena sensación para nosotros. Es una prueba de que algunas personas se preocupan genuinamente por nuestra salud.

Si lo comparamos con otras máquinas del mercado que hacen postres helados, la Máquina de Postres Helados Yonanas es la más fácil de utilizar y la mejor que hemos visto. No utiliza hielo ni ningún otro ingrediente líquido. Solo necesita tres ingredientes simples; polvo Yonana, bananas y azúcar. Las bananas son congeladas por la máquina en una textura suave. Luego, la banana suave se mezcla con polvo Yonana y azúcar para crear una gran variedad de los sabores de postres helados que puedas imaginar.

Máquina de Postres Yonanas Clásica y Máquina de Postres Yonanas Pro

Pero, ¿cuál es el mejor para comprar? La Máquina de Postres Helados Yonanas viene en dos modelos; la Máquina de Postres Yonanas Clásica y la Máquina de Postres Yonanas Pro. Ambas están hechas para la familia. Pero antes de decidir si comprar la Máquina de Postres Clásica o la Pro, debes considerar los siguientes factores los cuales te ayudarán con tu decisión.

Primero está el precio. Es uno de los principales factores que consideramos al calcular el coste de un producto. El precio de la Máquina de Postres Helados Yonanas Clásica es de $ 49,99, mientras que la Máquina de Postres Helados Yonanas Pro es de $ 79,99 por cada uno. Aunque esto depende de la cantidad de sabores que quieras hacer, es posible que al principio necesites algo de inversión para comprar la Máquina de Postres Helados Yonanas.

El segundo factor para nosotros es la garantía. La Máquina de Postres Helados Yonanas Clásica tiene una garantía de un año, mientras que la Máquina de Postres Helados Yonanas Pro tiene una garantía de tres años. Si consideramos la tendencia creciente del producto y el mejoramiento de la tecnología, una máquina con una garantía de un año estará bien para nosotros.

El tercer factor es lo fácil que es limpiarla. Una de las razones por las que necesitamos limpiar la Máquina de Postres Helados Yonanas es que, si la usas con frecuencia, habrá algo de comida atascada que podría causar bacterias y enfermarnos. Afortunadamente, tanto la Máquina de Postres Helados Yonanas Clásica como la Pro tienen partes aptas para lavavajillas, por lo que nos facilita la limpieza después de usarlas muchas veces.

El cuarto factor es el momento de hacer el postre. La Máquina de Postres Helados Yonanas Clásica tarda aproximadamente 10 minutos en preparar una porción de postre helado, mientras que la Máquina de Postres Helados Yonanas Pro tarda aproximadamente solo cinco minutos. Si desea preparar una mayor cantidad de postre helado, le recomendamos que compre la Máquina de Postres Helados Yonanas Pro porque es más eficiente y rápida que la Clásica.

Pero si necesitas hacer una sola porción sobre la marcha, entonces podemos escoger la Clásica como una opción porque es más rápida que la versión Pro y no necesitamos esperar más para que se preparen nuestros postres favoritos.

El quinto factor es el tamaño de cada paquete. El paquete de la Máquina de Postres Helados Yonanas Clásica contiene 1 Máquina de Postres Helados Yonanas Clásica, 5 tazas vacías y 5 llenas, 1 taza medidora, 8 barras de madera, 1 cepillo de limpieza y un libro de instrucciones. Los tamaños de cada artículo en este paquete son 10 por 4 por 7 pulgadas y 12 libras. El paquete no es tan pequeño como podrías pensar porque es mucho más pequeño que el producto. Mientras tanto, la Máquina de Postres Helados Yonanas Pro viene con 2 contenedores en lugar de uno. Tiene 1 Máquina de Postres Helados Yonanas Pro, 1 taza vacía Pro (5.5 tazas), 5 tazas vacías Pro (2.25 tazas), 5 tazas llenas Pro, 1 taza medidora Pro, 7 cucharas medidoras, 1 cepillo de limpieza y un libro de instrucciones. El tamaño de cada artículo en este paquete es de 8 por 8 por 7 pulgadas y 4 libras. No es demasiado pesado para una sola persona pequeña, pero podría ser más pesado de lo que crees si no se usa con frecuencia.

El último factor es el orificio de alimentación de la máquina. Mientras que la Máquina de Postres Helados Yonanas Clásica tiene un orificio de alimentación que se abre desde la parte superior, la Máquina de Postres Helados Yonanas Pro tiene un orificio de alimentación que se abre en el lateral. Se supone que el orificio de alimentación debe ser utilizado por la persona que utilizará la máquina para introducir los ingredientes del postre helado. Si crees que tienes algún problema para introducir los ingredientes, puedes usar tu cuchara.

El aspecto general de esta máquina para hacer postres helados es simple y es fácil de limpiar. Ahora bien, si hablamos de lo eficientes que son desde diferentes perspectivas, entonces podemos decir que ambas son buenas opciones para nuestra elección de compra.

CAPÍTULO 2: CÓMO FUNCIONA LA MÁQUINA YONANAS

Entonces, ¿cuál es el mecanismo detrás de este revolucionario dispositivo? ¿Cómo transforma la fruta congelada normal en deliciosos postres tipo helado?

Para empezar, hay que tener en cuenta que la máquina Yonanas es una Máquina para hacer Helados Eléctrica y no un Procesador de Alimentos. Esto significa que la forma del dispositivo debe parecerse a una máquina para hacer helados y no a un procesador de alimentos. Esto se debe a que actuará como una máquina para hacer helados, produciendo helados, batidos y otros postres hechos con frutas congeladas.

¿Cómo Funciona?

(A) Primero, coloca tu fruta congelada en la máquina junto con un poco de azúcar y saborizante de vainilla. Luego enciendes la máquina y actúa como una máquina para hacer helados. Produce un postre increíblemente delicioso, cremoso y suave. El puré de frutas que sale de este proceso es similar al helado en sabor y textura, pero no tiene grasas o aditivos nocivos como los presentes en los helados normales.

(B) El primer paso de este proceso se llama "Congelación". En este paso, la fruta congelada se pasa por una cuchilla cilíndrica y se mezcla con un poco de azúcar y sabor para obtener una mezcla cremosa. El proceso es similar a lo que hace la máquina para hacer helados Cuisinart.

(C) Sin embargo, cualquier Máquina para hacer Helados tendrá problemas para hacer helado con frutas congeladas, ya que son más duras que la mezcla de helado y no producirán batidos fácilmente. Esto se debe a que la mezcla de helado tiene una cierta cantidad de aire en ella y cuando se congela, naturalmente se junta, lo que lo convierte en un helado desagradable. La máquina Yonanas utiliza una atmósfera para lograrlo. En pocas palabras, el puré de frutas pasa por una máquina que se llena con gas nitrógeno, lo que ayuda a que la mezcla produzca postres más suaves y cremosos.

(D) El resultado antes de la congelación es muy similar al helado en textura y apariencia, pero los resultados después de la congelación son increíblemente deliciosos, como cabría esperar de una máquina alimentada con gas nitrógeno.

(E) La máquina usa una cuchilla especial para batir el puré de su elección en dos texturas diferentes. El primero, llamado "yogur helado", tiene la misma textura que el yogur helado y sabe a helado suave. El segundo es mucho más suave y más parecido al "helado". Ambos se producen en cuestión de minutos y cada uno se puede reproducir a alta velocidad.

Un estudio detallado de la elaboración de estos postres revelará que la Máquina Yonanas es una máquina para hacer helados eléctrica con innovaciones tecnológicas que la hacen capaz de producir postres saludables y deliciosos en minutos, sin aditivos ni conservantes.

Partes y Accesorios

El dispositivo tiene un contenedor a través del cual puedes cargar tus frutas favoritas. Puedes elegir entre bananas o bayas congeladas para que tu postre sepa mejor agregándole más sabor. Es un truco simple utilizado por muchos comerciantes de frutas congeladas para hacer que estas sepan mejor. El dispositivo tiene un motor que bate la fruta congelada en poco tiempo y salpica agua en el mismo recipiente para que la fruta no se pegue al recipiente.

El dispositivo también tiene un plato en su base, que tiene agujeros para que el agua pueda gotear hacia las frutas. Esto es vital, ya que esta gota de líquido ayuda a retener más la dulzura natural de sus frutas y, por lo tanto, hace que su bocadillo sepa bien y no a fruta cruda. También evita que alguno de estos sabores naturales se pierda con el tiempo, haciéndolos más apetecibles y atractivos para los consumidores.

El dispositivo tiene una tapa de plástico que regula la temperatura del dispositivo y también le permite controlar el grosor de su fruta congelada. Para regular esto, solo necesita girar una perilla en la parte superior del dispositivo. De esta manera, puede decidir qué tan grueso o qué tan delgado debe ser.

La máquina Yonanas también viene con un puerto especial donde puede insertar una Espátula de Helado que raspará las frutas congeladas y las convertirá en hermosos cuencos de helado sin ensuciar. Esto hace que el proceso de transformación de frutas congeladas en postres deliciosos y atractivos sea increíblemente fácil.

El dispositivo viene con una garantía de un año contra cualquier defecto de fabricación y mal funcionamiento. Esto le da una impresión de qué tan bien está fabricado este dispositivo y qué tan seguro es de usar. También tienen muchos puntos de venta donde se venden sus productos. Por lo tanto, no debes preocuparte por su disponibilidad o por si tu dispositivo se daña.

CAPÍTULO 3: CÓMO OPERAR TU MÁQUINA DE POSTRES SALUDABLES YONANAS

Bienvenido de nuevo a la Máquina de Postres Saludables Yonanas.

Descargo de responsabilidad: asegúrese de leer todas las instrucciones de funcionamiento antes de utilizar su Máquina de Postres Saludables Yonanas. Lea la información a continuación para obtener una lista completa de todos los elementos incluidos en su paquete de Máquina de Postres Saludables Yonanas y cómo usarlos correctamente. También se incluyen consejos para la resolución de problemas y sugerencias útiles para mantener su Máquina de Postres Saludable Yonanas.

Instrucciones de operación

¿Cómo Encenderla?

Asegúrese de que su Máquina de Postres Saludables Yonanas esté enchufada a un tomacorriente. Su Máquina de Postres Saludables Yonanas se encenderá automáticamente cuando inserte la Base de Alto Rendimiento y encienda el interruptor de la base de poder ubicado en la parte posterior de la Máquina de Postres Saludables Yonanas. Aparecerá un mensaje de advertencia que indica que la Máquina de Postres Saludables Yonanas puede tardar hasta 30 segundos en funcionar. Si este mensaje no aparece después de 30 segundos, consulte el segmento de solución de problemas al final de estas instrucciones.

¿Cómo Apagarla?

Asegúrese de haber retirado todos los alimentos del interior de su Máquina de Postres Helados Yonanas antes de intentar apagar la máquina. La Máquina de Postres Saludables Yonanas se apagará automáticamente al final del ciclo.

¿Cómo Mezclar su Receta?

1. Saque la base de postre congelado del congelador y colóquela en un recipiente de acero inoxidable. El tazón para mezclar debe estar libre de rayones o rayones en la parte inferior.

2. Coloque el batidor y la cuchara de madera en el tazón (cuchara de madera para batir la nata, batidor para la leche).

3. Vierta la cantidad deseada de Base de Postre Saludable Yonanas en el tazón para mezclar, incluida la base del cajón inferior si es necesario, según sea necesario para la variación de la receta.

4. Inserte la Base de Alto Rendimiento en la Máquina de Postres Helados Yonanas y encienda el interruptor de la base de poder ubicado en la parte posterior de la máquina.

5. Inserte la bandeja de helado en la Base Eléctrica de Alto Rendimiento y presione hasta que esté firmemente asegurada, luego proceda a presionar el botón una vez.

6. Mezcle durante 3 minutos en intervalos de 30 segundos, o hasta que su receta esté completamente mezclada, usando una cuchara de madera o un raspador de tazón para raspar la mezcla de los lados y el fondo con frecuencia para asegurar una mezcla consistente. El postre helado será espeso como un batido o un helado suave (según la receta).

TIP: Para mezclar pequeñas cantidades de postre helado, deje la base de alto rendimiento en el congelador hasta que esté lista para usar, luego coloque la base de postre helado en una bolsa de plástico y mezcle con una mano. Si está utilizando un batidor normal, también puede dejar la base de potencia en el congelador. La base de poder se puede mantener en el congelador hasta por 24 horas si necesita usarla nuevamente antes de mezclar un lote de postre helado.

7. Para preparar para la congelación, retire el tapón de goma de la Máquina de Postres Helados Yonanas de su compartimiento y retire la Base Eléctrica de Alto Rendimiento de la máquina para postres helados para que ambas partes puedan entrar tranquilamente.

8. Inserte las bandejas de helado en la Base Eléctrica de Alto Rendimiento y empújelas hasta que estén firmemente aseguradas, luego oprima el botón una vez. Su postre helado se mezclará durante 3 minutos en intervalos de 30 segundos, o hasta que su receta esté completamente mezclada.

9. Verifique la consistencia del postre helado sumergiendo una cuchara en el postre helado y luego colóquelo en la encimera durante 2 minutos. Si el helado es más blando de lo que le gustaría, puede repetir el proceso de mezcla usando bandejas de helado y la Base de Alto Rendimiento hasta alcanzar la consistencia deseada. También puede agregar más base de la Máquina de Postres Saludables Yonanas o agua si es necesario, para ajustar la consistencia de su receta.

Nota: Si no le queda suficiente base de postre congelado en la Máquina de Postre Helado, primero deberá agregar más base al tazón para mezclar y repetir el proceso de agregar su receta. Esto se debe a que su Máquina de Postres Helados Yonanas mezclará la receta que se encuentra actualmente en su interior y luego la mezclará con una nueva receta.

¿Cómo Congelar?

1. Transfiera el postre helado mixto a un recipiente apto para congelador, usando una cuchara para helado si lo desea.

2. Llene el recipiente con base adicional de la Máquina de Postres Saludables Yonanas o agua si es necesario, para obtener la consistencia deseada.

3. Congele por lo menos una hora antes de servir. Para mejores resultados, congele durante la noche.

4. Sirva su postre helado de Yonanas en un tazón.

Tenga en cuenta: NO agregue ingredientes ni mezcle hasta que esté listo para comer, ya que no se adherirán al postre helado.

CAPÍTULO 4: LIMPIAR Y DESMONTAR TU MÁQUINA DE POSTRES SALUDABLES YONANAS

¿Cómo Limpiarla?

1. Retire el tazón para mezclar de la Máquina de Postres Helados Yonanas (primero retire el tapón de goma).

2. Retire la base eléctrica de alto rendimiento de la Máquina de Postres Helados Yonanas y lávela con agua caliente y jabón, luego enjuague meticulosamente y deje que se seque por completo antes de guardarla.

3. Desmonte todas las piezas de su máquina para hacer postres congelados Yonanas, luego lávelas con agua caliente y jabón, luego enjuague bien y deje secar por completo antes de guardarlas (excluyendo el cajón de la bandeja de postres helados).

4. Coloque todas las piezas en el lavavajillas para limpiarlas.

5. Si tiene una Máquina de Postres Saludables Yonanas que tiene más de 3 años, consulte el manual del propietario y pregunte a su distribuidor Yonanas para obtener información sobre cómo limpiar.

¿Cómo Desmontarla?

1. Presione el botón de liberación en el lado izquierdo de su Máquina de Postres Helados Yonanas y empuje

hacia arriba con su dedo para quitar el cajón de la base de postres congelados.

2. Saque la base para postres helados del cajón y colóquela en el congelador para que se endurezca para uso futuro (no la guarde dentro del cajón de la base para postres helados ya que esto podría dañarla).

3. Retire la base de alto rendimiento de la Máquina de Postres Helados Yonanas y lave con agua caliente y jabón, luego enjuague meticulosamente y deje que se seque por completo antes de guardarla.

4. Si tiene una Máquina de Postres Saludables Yonanas que tiene más de 3 años, consulte el manual del propietario y pregunte a su distribuidor Yonanas para obtener información sobre cómo desmontarla.

¿Por qué Necesita Limpiar Habitualmente la Máquina de Postres Helados Yonanas?

La Máquina de Postres Helados Yonanas es una máquina especial que está diseñada para producir postres helados que son saludables y sabrosos. En lugar de usar la heladera tradicional o la batidora de su cocina, la Máquina de Postres Helados Yonanas utiliza tecnología patentada para transformar frutas congeladas en deliciosos postres helados. Con la ayuda de esta increíble máquina, puede disfrutar de deliciosos postres helados en cualquier momento y en cualquier lugar. Sin embargo, debe cuidar bien su Máquina de Postres Helados Yonanas para que funcione correctamente. La limpieza regular es crucial para permitir que funcione de manera óptima y al mismo tiempo evitar problemas potenciales con sus partes (como obstrucciones de ingredientes líquidos secos).

¿Cuándo Necesita Limpiarla?

Se recomienda limpiar su Máquina de Postres Helados Yonanas una vez a la semana. Si tiene una Máquina de Postres Saludables Yonanas que tiene más de tres años, consulte el segmento para saber cómo limpiar su máquina cuando sea el momento de reemplazar la base de postres helados o la base eléctrica. Consulte la guía de limpieza en su Manual del Propietario para obtener información adicional sobre cómo limpiar.

¿Puedo Hacerlo Yo Mismo?

Si desea hacerlo usted mismo, consulte el segmento de limpieza de su Manual del Propietario. Sí, puedes hacerlo tú mismo. Solo necesitas leer las instrucciones con prudencia y usar otros utensilios de limpieza si no tiene un lavavajillas.

¿Qué Tan Seguido Debo Limpiar la Base de Postres Helados?

La base para postres helados de su Máquina de Postres Helados Yonanas se puede utilizar hasta por seis meses. Después de seis meses, hay una coincidencia de que puede que no sea tan suave y sabroso como antes. Por lo tanto, se sugiere que cambie la base de postre helado cada seis meses a partir de la fecha de compra (o cuando hayan pasado noventa días desde el primer uso).

¿Cómo Cambiar la Base de Postres Helados?

1. Retire el cajón de la base de postres helados de su Máquina de Postres Helados Yonanas.

2. Saque la base de postre helado del congelador y colóquela en una bolsa de plástico.

3. Limpie bien todas las partes de su Máquina de Postres Helados Yonanas y déjelas secar completamente antes de guardarlas (excepto el cajón de la base para postres congelados).

4. Inserte una nueva base de postre helado en su Máquina de Postres Helados Yonanas y guárdela en el congelador después de cada uso para una frescura y suavidad óptimas.

5. Su Máquina de Postres Helados Yonanas estará en su mejor momento hasta seis meses después de que reemplace la base de postres helados.

¿Es Seguro Desmontarla?

Sí, es seguro desmontar su Máquina de Postres Helados Yonanas. Sin embargo, tenga mucho cuidado con todas las piezas hechas de vidrio y plástico blando (como el cajón de la base de postres congelados), ya que estos componentes pueden romperse fácilmente si no se manipulan con cuidado. También es mejor que le pida ayuda a su distribuidor Yonanas para desarmar y limpiar antes de hacerlo.

¿Qué Se Materializa Si No Limpio Mi Máquina de Postres Helados Yonanas?

Su Máquina de Postres Helados Yonanas no podrá producir deliciosos postres helados sin problemas y es posible que encuentre un problema con obstrucciones y daños en sus partes. Hacer un mantenimiento de limpieza regular en su Máquina de Postres Saludables Yonanas asegurará su uso duradero y un rendimiento increíble.

CAPÍTULO 5: SOLUCIÓN DE PROBLEMAS DE LA MÁQUINA

Por supuesto, todas las máquinas a veces encontrarán problemas y necesitarán solución de problemas y la Máquina de Postres Helados Yonanas no es una excepción para ello.

Aquí hay algunas dificultades comunes que puede encontrar con la Máquina de Postres Helados Yonanas y cómo resolverlas:

¿Qué Pasa Si Mi Máquina de Postres Saludables Yonanas se Apaga Mientras la Uso?

Posible Solución No. 1:
Su Máquina de Postres Helados Yonanas se ha sobrecalentado. Puede ser causado por encender/apagar con frecuencia o por tener demasiados ingredientes congelados en el tazón a la vez. Su Máquina de Postres Saludables Yonanas comenzará a funcionar nuevamente después de haber estado inactiva durante varias horas con la Máquina de Postres Helados Yonanas apagada y con todas las partes dejándose enfriar.

Posible Solución No. 2:
Podría haber un corte de energía o falta de suministro eléctrico. La Máquina de Postres Helados Yonanas requiere un flujo constante de energía para funcionar.

¿Qué Pasa Si No Logro Encender Mi Máquina?

Posible Solución No. 1:

Es posible que su Máquina de Postres Helados Yonanas se haya sobrecalentado. Es normal que la Máquina de Postres Helados Yonanas se sobrecaliente si la ha utilizado durante mucho tiempo de forma consecutiva. Su Máquina de Postres Helados Yonanas comenzará a funcionar nuevamente después de haber estado inactiva durante varias horas con la Máquina de Postres Helados Yonanas apagada y con todas las piezas dejándose enfriar.

Posible Solución No. 2:

Su Máquina de Postres Helados Yonanas no se puede utilizar a menos que la tapa del recipiente y la cuchilla estén instaladas correctamente en la posición correcta.

¿Y si Huele Como Si Estuviera Quemándose?

Posible Solución No. 1:

Es posible que haya sobrellenado su Máquina de Postres Helados Yonanas con demasiados ingredientes a la vez. Reduzca la cantidad de ingredientes congelados que agregue a su Máquina de Postres Helados Yonanas en una sesión, dependiendo del tamaño de su Máquina de Postres Helados Yonanas. Si no planea consumir todos los postres helados a la vez, le sugerimos que los retire de la Máquina de Postres Helados Yonanas tan pronto como haya terminado de preparar los postres saludables, ya que de lo contrario se pueden cocinar demasiado y derretirse.

Posible Solución No. 2:
Es posible que su Máquina de Postres Saludables Yonanas se haya sobrecalentado si la ha usado durante mucho tiempo de forma consecutiva.

¿Qué Pasa si No Sale Nada Luego de Ponerle Frutas Dentro?
Desenchufe la máquina del tomacorriente y vuelva a enchufarla. Si el problema persiste, espere otros 2-3 minutos antes de volver a intentarlo. Si ha experimentado alguno de estos problemas, siga las instrucciones anteriores e intente resolver los problemas de su Máquina de Postres Helados Yonanas. Si aún no puede solucionarlo usted mismo, llame al servicio de atención al cliente para obtener más ayuda.

¿Qué Pasa Si Mi Máquina de Postres Helados Yonanas Empieza a Hacer Sonidos Extraños?

Posible Solución No. 1:
Es posible que su Máquina de Postres Helados Yonanas necesite servicio. Comuníquese con nosotros para obtener ayuda.

Posible Solución No. 2:
Si su Máquina de Postres Helados Yonanas hace mucho ruido, lo más probable es que la causa sea la obstrucción de

los ingredientes congelados en el ensamblaje de las cuchillas, lo que reducirá la potencia y hará que la Máquina de Postres Saludables Yonanas disminuya la velocidad.

¿Qué Pasa Si Mi Máquina de Postres Saludables Yonanas Enciende, Pero No Funciona?

Posible Solución:

Asegúrese de que la Yonanas D-Blade esté colocada correctamente en la base Yonanas. Asegúrese de que el botón de bloqueo en la parte superior de la hoja esté desbloqueado antes de empujarlo hacia la base. Si esto aún no resuelve sus problemas, comuníquese con el servicio al cliente para obtener ayuda.

¿Qué Pasa Si Mi Máquina de Postres Saludables Yonanas Está Vibrando de Forma Inusual Mientras la Uso?

Posible Solución:

Es posible que su máquina haya tenido algunos problemas con las cuchillas, como que estén atascadas, haya demasiados ingredientes congelados o algo por el estilo.

CAPÍTULO 6: BENEFICIOS PARA LA SALUD DE LOS POSTRES YONANAS

Beneficios para la Salud

Entonces, ¿qué se puede lograr al consumir los Postres Yonanas?

- Primero, el Postre Yonanas es rico en antioxidantes, que luchan contra el daño de los radicales libres y protegen sus células contra los dañinos rayos UV.

- En segundo lugar, tiene propiedades antiinflamatorias para ayudar a reconstruir el tejido dañado y reducir el dolor.

- En tercer lugar, el Postre Yonanas es rico en minerales como calcio, potasio y magnesio, que ayudan a reafirmar los huesos y los dientes, así como a regular los latidos del corazón.

- En cuarto lugar, el Postre Yonanas es rico en zinc, que ayuda a mejorar las funciones del sistema inmunológico.

- Una taza de Postre Yonanas contiene vitamina C que promueve la cicatrización de heridas y también previene la caries al fortalecer el colágeno.

- El Postre Yonanas es bajo en calorías, en comparación con el helado. Esto significa que puede derretir

49

fácilmente el exceso de grasa en su cuerpo sin siquiera entrar en un gimnasio.

- A continuación, el Postre Yonanas es rico en fibra, lo que ayuda a mantenerte lleno durante mucho tiempo. Esto significa que no comerá en exceso ni consumirá grasa extra en el proceso.

- Además, el Postre Yonanas tiene muchas variedades y todas tienen un sabor delicioso durante un largo período.

- Otros afirman que el Postre Yonanas es rico en fibra y contiene bacterias probióticas para ayudar a mejorar la salud digestiva.

- El Postre Yonanas es rico en cantidades suficientes de proteínas, vitaminas y minerales que a su vez te hacen más saludable.

- Y, por último, el Postre Yonanas no contiene gluten de forma natural, lo que lo hace ideal para las personas celíacas.

Según los estudios anteriores, puede ver que el Postre Yonanas se puede utilizar para mejorar su salud y belleza en general al restaurar el tejido dañado y mejorar su rendimiento general.

¿Por Qué Es Mejor Hacer Tus Postres?

- Tiene el control de su dieta.

- Tu familia no se cansará de lo que hagas, sin importar lo aburrido que sea.

- Puede presentarles nuevos alimentos con regularidad si lo desea, sin que se sientan extremadamente culpables y sin renunciar a los postres por el resto de sus vidas.

- Saben exactamente lo que contienen sus postres, sin ningún ingrediente misterioso o azúcares ocultos que agreguen calorías innecesarias al plato.

- Te hace pensar en formas nuevas y diferentes de hacer postres. Es casi como un desafío en cierto modo.

- No se sienten privados porque saben que hay otros postres más saludables que pueden probar cuando se sientan aventureros.

- Le permite convertirse en el maestro de su dominio culinario, sin importar cuán pequeña sea el área.

- Puede ser el pionero de un estilo de vida dietético completamente nuevo.

¿Le Ayudará a Perder Peso?

Si va de la manera tradicional, puede usarlo como reemplazo del helado. Sin embargo, esto requerirá mucho autocontrol de su parte.

Pero si está buscando una dieta segura y saludable, Yonanas puede ayudarlo en este sentido. Simplemente agregando frutas bajas en calorías a su postre, puede agregar 300 calorías o menos a su plan de comidas por día.

Esta es una de las formas relajadas de perder peso rápidamente. Todo lo que se necesita es un poco de autocontrol y dedicación para seguir un plan de dieta saludable.

CAPÍTULO 7: CÓMO USARLA Y HACER HELADOS INCREÍBLES CON SU MÁQUINA DE POSTRES HELADOS YONANAS

¿Cómo Hacer Helados?

1. Coloque su mezcla de helado en su máquina Yonanas.
2. Encienda la máquina y espere a que el delicioso postre se prepare ante sus ojos. Dependiendo del volumen de helado que esté haciendo, esto puede requerir unos minutos de tiempo de espera.
3. ¡Manténgalo congelado hasta que esté listo para comer!

¿Cómo Usar la Fruta Congelada?

1. Coloque la fruta congelada en la máquina Yonanas para convertirla en una suave y deliciosa exquisitez de inmediato.
2. Espolvoree con el topping deseado si lo desea.
3. ¡Manténgalo congelado hasta que esté listo para comer!

¿Cómo Usar las Máquinas de Hielo Raspado?

1. Coloque la máquina Yonanas sobre un tazón o plato de hielo raspado y encienda la máquina. ¡Esto comenzará a hacer espuma sobre el hielo raspado, que puede disfrutar mientras se derrite mientras se hace el helado en su máquina!

2. Apague la máquina y déjela congelada hasta que esté lista para comer.

¿Cómo Hacer Sorbetes de Frutas?

1. Coloque su mezcla de helado en su máquina Yonanas.
2. Coloque la fruta congelada (dependiendo del tamaño que desee de su sorbete) en la parte superior de la máquina. ¡Esto convertirá su fruta congelada en un delicioso postre suave de inmediato!
3. Espolvoree con la cobertura deseada si lo apetece.

Cómo Hacer Paletas

1. Coloque su mezcla de helado en su máquina Yonanas.
2. Coloque fruta congelada o fruta fresca en la parte superior de la máquina. ¡Esto convertirá su fruta congelada o fruta fresca en un delicioso postre suave de inmediato!
3. Espolvoree con el topping deseado si lo desea.

Cómo Hacer Torta Helada

1. Haga helado en un molde para pasteles de una capa o en un molde para pastel, o con moldes individuales, ¡usted decide! Vierta el sirope de chocolate sobre el pastel y congele hasta que se endurezca (para recetas que tengan toppings como nueces, etc., agréguelas antes de verter el almíbar).

2. Tome otra capa de pastel y vierta sobre el helado cuando esté endurecido, rocíe con sirope si se desea. Vuelva a poner en el congelador.

3. Congele sus capas adicionales mientras se congelan sus dos primeras capas.

4. La capa final puede ser cualquier tipo de pastel que desee, y le da al helado una capa deliciosa cuando se sirve.

5. Saque del congelador y vuelva a colocarla ahí si lo desea.

Cómo Hacer Paletas de Helado:

1. Coloque su mezcla de helado en su máquina Yonanas.

2. Coloque fruta congelada o fruta fresca en la parte superior de la máquina. ¡Esto convertirá su fruta congelada o fruta fresca en un delicioso bocadillo suave de inmediato! Espolvoree con el topping deseado si lo desea.

3. Tome el molde de paleta deseado y presione la mezcla de postre helado en el molde y congele hasta que esté sólida.

4. ¡Despegue del molde y disfrute!

Cómo Hacer Torta Helada de Paletas de Helado:

1. Haga helado en un molde para pasteles de una sola capa o en un molde para pastel, o con moldes

individuales, ¡usted decide! Vierta el sirope de chocolate sobre el pastel y congele hasta que se endurezca (para recetas que tengan toppings como nueces, etc., agréguelas antes de verter el sirope).

2. Tome otra capa de bizcocho y vierta sobre el helado cuando este esté endurecido, rocíe con sirope si se desea.

3. Coloque ambas capas en un molde que parezca una paleta de helado y deje que se congelen.

4. Inserte el palito en la parte superior de la torta de paleta de helado y deje que se congele por completo.

5. Saque del congelador y vuelva a colocarlo ahí si lo desea.

6. ¡Retire del molde y a disfrutar!

CAPÍTULO 8: RECETAS DE HELADO USANDO BANANAS

1. **Helado Cremoso de Banana Caramelizada y Nueces**

- **Tiempo de Preparación:** 8 horas y 15 minutos
- **Tiempo de Cocción:** 0 Minutes
- **Porciones:** 8

Ingredientes:

- 4 bananas, en rodajas y congeladas
- 3 cucharadas de ghee (mantequilla clarificada)
- ½ taza de leche de coco, enlatada y refrigerada
- 1/2 taza de nueces tostadas, picadas.

Indicaciones:

1. Corta 2 bananas y guárdalas durante la noche, o durante al menos 6 horas, en una bolsa o recipiente para congelador.

2. Corte las 2 bananas restantes en rodajas de ½ pulgada de grosor.

3. Derrita el ghee en una sartén poco profunda a fuego medio/alto hasta que forme espuma y se ponga ligeramente marrón.

4. Agregue rodajas de banana al ghee y continúe cocinando hasta que la base se ponga marrón.

5. Voltee y dore los lados opuestos también.

6. Tome las bananas caramelizadas y raspe todo, incluidos los trozos marrones, en una bolsa o recipiente para congelador.

7. Congele durante la noche durante al menos 6 horas.

8. Saque las bananas caramelizadas del congelador y déjelas reposar en la encimera durante unos 5 minutos.

9. Vacíe ambos lotes de bananas congeladas en su Máquina de Postres Saludables Yonanas®.

10. Eche unas bananas y un poco de leche de coco en la máquina.

11. Presione el émbolo y repita este paso, alternando bananas y leche de coco hasta que se use todo.

12. Mezcle suavemente las nueces en el helado con una cuchara.

Valores Nutricionales:

- Calorías 441.0
- Grasa 22,8 g
- Colesterol 53,2 mg
- Sodio 261,1 mg
- Carbohidratos 55,4 g
- Proteína 5,5 g

2. **Desayunos de Campeones Helado de Café**

- **Tiempo de Preparación:** 10 Minutos
- **Tiempo de Cocción:** 0 Minutos
- **Porciones:** 2

Ingredientes:

- 4 bananas, en rodajas y congeladas
- ¼ de taza de café expreso o café, temperatura ambiente
- ½ cucharadita de extracto de vainilla

- Azúcar al gusto.

Indicaciones:

1. Prepare el expreso o el café.
2. Agregue azúcar al gusto deseado.
3. Deje enfriar a temperatura ambiente.
4. Una vez a temperatura ambiente, mezcle el extracto de vainilla.
5. Alterne la adición de bananas y café en la Máquina de Postres Helados Yonanas®
6. Presione hacia abajo con el émbolo.
7. Repita los pasos 5 y 6 hasta que se utilicen todos los ingredientes.
8. Disfrútelo de inmediato o congélelo para disfrutarlo más tarde.

Valores Nutricionales:

- Calorías 342 kcal
- Grasa 16,6 g
- Carbohidratos 43,6 g
- Proteína 4,5 g
- Colesterol 116 mg
- Sodio 423 mg

3. **Helado de Chocolate y Mantequilla de Maní en Espiral**

- **Tiempo de Preparación:** 5 Minutos
- **Tiempo de Cocción:** 0 Minutos
- **Porciones:** 1 o 2

Ingredientes:

- 2 bananas, en rodajas y congeladas
- 2 cucharadas de mantequilla de maní
- 1 cucharada de cacao en polvo endulzado.

Indicaciones:

1. Eche la mitad de las bananas congeladas en el conducto.
2. Agregue 1 cucharada de mantequilla de maní y ½ cucharada de cacao en polvo.

3. Encienda la máquina y presione el émbolo hacia abajo.

4. Repita los pasos 1 y 2.

5. Disfrute. Comparte si es necesario.

Valores Nutricionales:

- Calorías 354 kcal
- Grasas 26 g
- Carbohidratos 23,7 g
- Proteína 12,9 g
- Colesterol 0 mg
- Sodio 225 mg

4. Helado de Chocolate de Amenaza Cuádruple

- **Tiempo de Preparación:** 5 Minutos
- **Tiempo de Cocción:** 0 Minutos
- **Porciones:** 4

Ingredientes:

- 2 bananas, en rodajas y congeladas
- 1 taza de leche de chocolate con almendras
- ½ taza de cacao en polvo endulzado
- ½ taza de chispas de chocolate
- ½ taza de lluvia de chocolate para cubrir.

Indicaciones:

1. Agregue algunas bananas, un chorrito de leche de almendras, una pizca de cacao en polvo y algunas chispas de chocolate a la Máquina de Postres Helados Yonanas®
2. Encienda la máquina y presione hacia abajo con el émbolo.
3. Repita los pasos 1 y 2 hasta que se utilicen todos los ingredientes.
4. Cubra con chispas.
5. Disfrute.

Valores Nutricionales:

- Calorías 614,3
- Colesterol 26,0 mg
- Sodio 299,3 mg
- Carbohidratos 97,9 g
- Proteína 5.5g

5. Helado de Banana con Fresas y Crema

- **Tiempo de Preparación:** 5 Minutos
- **Tiempo de Cocción:** 0 Minutos
- **Porciones:** 2

Ingredientes:

1. 2 bananas, en rodajas y congeladas
2. 2 cucharadas de crema espesa
3. ½ taza de fresas, congeladas
4. ½ cucharadita de vainilla.

Indicaciones:

1. Combine la crema espesa y la vainilla.
2. Inserte la mitad de las bananas, la mitad de las fresas y la mitad de la mezcla de crema en la Máquina de Postres Saludables Yonanas®.
3. Encienda la máquina y presione hacia abajo con el émbolo.
4. Agregue los ingredientes restantes y vuelva a sumergir.
5. ¡Tadá! ¡Helado de banana con fresas y crema!
6. ** Disfrútelo como un postre cremoso o congélelo durante 3 horas para obtener un helado **

Valores Nutricionales:

- Calorías 222.5
- Colesterol 6,1 mg
- Sodio 92,6 mg
- Carbohidratos 43,0 g
- Proteína 7.6g

6. Helado Suave de Chocolate y Mantequilla de Maní Fácil de Hacer

- **Tiempo de Preparación:** 5 Minutos
- **Tiempo de Cocción:** 0 Minutos
- **Porciones:** 3

Ingredientes:

- 3 bananas, en rodajas y congeladas
- 3 cucharadas de mantequilla de maní

- 2 cucharadas de cacao en polvo endulzado.

Indicaciones:

1. Mezcle el cacao en polvo y la mantequilla de maní a mano.
2. Agregue una banana y ¼ de la mezcla de mantequilla de maní a su Máquina de Postres Saludables Yonanas®.
3. Presione hacia abajo con el émbolo.
4. Repita los pasos 2 y 3 dos veces más. Debería terminar con ¼ de la mezcla de mantequilla de maní sobrante.
5. Mezcle a mano la mezcla de mantequilla de maní restante con el helado suave y una textura agregada.
6. Disfruta de inmediato.

Valores Nutricionales:

- Calorías 239.0
- Grasa 15,2 g
- Colesterol 0,2 mg
- Sodio 205,7 mg
- Carbohidratos 22,5 g
- Proteína 4.8g

71

7. **Refrescante Helado Suave de Naranja**

- **Tiempo de Preparación:** 5 Minutos
- **Tiempo de Cocción:** 0 Minutos
- **Porciones:** 2

Ingredientes:

- 2 bananas, en rodajas y congeladas.
- 1 taza de trozos de naranja, congelados.

Indicaciones:

1. Agregue la mitad de las rodajas de banana y todas las naranjas a la Máquina de Postres Saludables Yonanas®.
2. Sumérjalo.
3. Agregue las bananas restantes y sumerja.
4. Disfruta.

Valores Nutricionales:

- Calorías 238 kcal
- Grasa 0,1 g
- Carbohidratos 60,9 g
- Proteína 0,8 g
- Colesterol 0 mg
- Sodio 9 mg

8. Helado de Trozos de Chocolate Oscuro y Frambuesas Rockeante

- **Tiempo de Preparación:** 5 Minutos
- **Tiempo de Cocción:** 10 Minutos
- **Porciones:** 2

Ingredientes:

- 2 bananas, en rodajas y congeladas
- 2 onzas de chocolate negro al 70%
- 1 taza de frambuesas, congeladas.

Indicaciones:

1. Pique el chocolate oscuro en trozos pequeños y déjelo a un lado.
2. Tome la mitad de las bananas, ½ taza de frambuesas y aproximadamente la mitad del chocolate.
3. Sumergirlo.
4. Repita los pasos 1 y 2.
5. Disfruta.

Valores Nutricionales:

- Calorías 376,9
- Grasa 17,4 g
- Colesterol 0,0 mg
- Sodio 7,4 mg
- Carbohidratos 62,7 g
- Proteína 3.6g

9. Tutifruti

- **Tiempo de Preparación:** 5 Minutos
- **Tiempo de Cocción:** 0 Minutos
- **Porciones:** 4

Ingredientes:

- 2 bananas, en rodajas y congeladas
- 2 tazas de mangos congelados
- 1 taza de fresas, congeladas.

Indicaciones:

1. Alterne la adición de frutas en la Máquina de Postres Saludables Yonanas ®.
2. ¡Eso es todo!

Valores Nutricionales:

- Calorías 394,6
- Grasas 29,6 g
- Colesterol 108,6 mg
- Sodio 103,9 mg
- Carbohidratos 27,5 g
- Proteína 6.8g

10.   Helado Sueño Tropical

- **Tiempo de Preparación:** 10 Minutos
- **Tiempo de Cocción:** 0 Minutos
- **Porciones:** de 3 a 4

Ingredientes:

- 3 bananas, en rodajas y congeladas
- 1 cucharada de leche de coco, enlatada y refrigerada
- ½ taza de trozos de piña, congelados
- ½ taza de trozos de mango, congelados
- ½ cucharadita de extracto de vainilla
- ¼ de taza de coco tostado, rallado
- ¼ de taza de anacardos salados de nueces de macadamia, picados.

Indicaciones:

1. Mezclar el extracto de vainilla y la leche de coco y reservar.
2. Ponga una porción de bananas, piñas y mangos en la Máquina de Postres Saludables Yonanas®.
3. Presione hacia abajo con el émbolo.
4. Repita el paso 2 y luego agregue la mezcla de coco y vainilla.
5. Presione hacia abajo con el émbolo.
6. Repita el paso 2, utilizando los últimos plátanos, piñas y mangos.
7. Decore con nueces y coco. Siga adelante, agrega un pequeño paraguas de papel, sabes que quieres hacerlo.
8. Disfruta tu postre tropical.

Valores Nutricionales:

- Calorías 284 kcal
- Grasa 10,3 g
- Carbohidratos 50,5 g
- Proteína 1,3 g
- Colesterol 0 mg
- Sodio 8 mg

79

11. Helado de Aguacate Verde

- **Tiempo de Preparación:** 5 Minutos
- **Tiempo de Cocción:** 0 Minutos
- **Porciones:** 2

Ingredientes:

- 2 bananas, en rodajas y congeladas

- 1 aguacate, en cubos y congelado

- 1 taza de trozos de mango congelados

- ½ taza de nueces de su elección.

Indicaciones:

1. Ponga la mitad de las rodajas de plátano en la Máquina de Postres Saludables®.
2. Presione hacia abajo con el émbolo.
3. Agregue los trozos de aguacate y mango y vuelva a sumergir.
4. Cubra con nueces.
5. Disfruta.

Valores Nutricionales:

- Calorías 121,6
- Grasa 6,6 g
- Colesterol 0,0 mg
- Sodio 23,6 mg
- Carbohidratos 16.6 g
- Proteína 0.9g

12. Mejor que el Helado Básico de Especias de Calabaza

- **Tiempo de Preparación:** 5 Minutos
- **Tiempo de Cocción:** 0 Minutos
- **Porciones:** 6

Ingredientes:

- 4 bananas, en rodajas y congeladas
- 1 ½ cucharadita de especias de calabaza
- 1 taza de calabaza enlatada, congelada en cubos
- ½ taza de miel de maple.

Indicaciones:

1. Congele la calabaza enlatada en cubos usando una bandeja para cubitos de hielo.
2. Alimente alternativamente bananas y calabaza en cubos en la Máquina de Postres Saludables Yonanas®.
3. Agregue ¼ de taza de jarabe de arce.
4. Sumérjalo.
5. Repita los pasos 2, 3 y 4.
6. Mezcle a mano la especia de calabaza con el helado suave.
7. Disfruta sin culpa.

Valores Nutricionales:

- Calorías 58,7
- Grasa 2,2 g
- Colesterol 8,2 mg
- Sodio 29,3 mg
- Carbohidratos 8.0 g
- Proteína 2.3g

13. Explosión de Banana y Arándanos

- **Tiempo de Preparación:** 5 Minutos
- **Tiempo de Cocción:** 0 Minutos
- **Porciones:** 2

Ingredientes:

- 2 bananas, en rodajas y congeladas
- 1 cucharadita de extracto de vainilla
- ¼ de taza de arándanos congelados

Indicaciones:

1. Inserte la mitad de los plátanos y la mitad de los arándanos en la Máquina de Postres Saludables Yonanas ®.

2. Presione el émbolo hacia abajo.

3. Agregue la fruta restante y la vainilla.

4. Sumérjalo.

5. ¡Disfruta!

Valores Nutricionales:

- Calorías 672,8
- Colesterol 83,1 mg
- Sodio 441,6 mg
- Carbohidratos 75,7 g
- Proteína 5.4g

14. Helado de Hormigas en un Tronco

- **Tiempo de Preparación:** 5 Minutos
- **Tiempo de Cocción:** 0 Minutos
- **Porciones:** 2

Ingredientes:

- 4 bananas, en rodajas y congeladas
- 3 cucharadas de mantequilla de maní cremosa
- ½ taza de pasas cubiertas de chocolate

Indicaciones:

1. Agregue ¼ de las bananas y 1 cucharada de mantequilla de maní en el conducto.
2. Presione el émbolo hacia abajo.
3. Repita los pasos 1 y 2 hasta que se utilicen todos los ingredientes.
4. Cubra con pasas cubiertas de chocolate.
5. Disfruta como si fueras un niño otra vez.

Valores Nutricionales:

- Calorías 213,9
- Colesterol 2,7 mg
- Sodio 766,1 mg
- Carbohidratos 42,2 g
- Proteína 6.5g

15. Helado de Nutella ®

- **Tiempo de Preparación:** 5 Minutes
- **Tiempo de Cocción:** 0 Minutes
- **Porciones:** 2

Ingredientes:

- • 4 bananas, en rodajas y congeladas
- • ½ taza de Nutella®

Indicaciones:

1. Llene la rampa con plátanos y un poco de Nutella®.
2. Sumérjalo.
3. Repita los pasos 1 y 2 hasta que se utilicen todos los ingredientes.
4. Disfruta, disfruta, disfruta. Comparte si es necesario.

Valores Nutricionales:

- Calorías 454,4
- Grasa 15,5 g
- Colesterol 0,9 mg
- Sodio 318,7 mg
- Carbohidratos 73,2 g
- Proteína 8.6g

CAPÍTULO 9: RECETAS DE HELADO SIN BANANA

1. Helado de Natilla con Sal Marina

- **Tiempo de Preparación:** 5 Minutos
- **Tiempo de cocción:** 30 Minutos
- **Raciones:** 10

Ingredientes:

- 3 tazas de leche entera
- 1 taza de azúcar
- 8 yemas de huevo
- 1 cucharadita de vainilla
- Una pizca de sal marina gruesa.

Indicaciones:

1. Agrega la leche y el azúcar en una cacerola y calienta a fuego medio-bajo. Cocine a fuego lento durante 3 minutos o hasta que el azúcar se disuelva. Retirar del fuego.
2. En un bol, agregue las yemas de huevo. Rocíe ½ taza de leche tibia en las yemas de huevo mientras bate constantemente para formar una mezcla suave. Vuelve a colocar la combinación de huevo en la olla.
3. Encienda el fuego a medio-bajo, luego cocine hasta que la mezcla comience a espesarse. Revuelva constantemente mientras cocina.
4. Apague el fuego y cuele la mezcla para quitar grumos. Deje que la leche se enfríe a temperatura ambiente. Ponlo en el congelador a congelar durante 2 horas.

5. Encienda el Cuisinart y vierta la mezcla. Batir durante 15 minutos.
6. Transfiera a un recipiente hermético y espolvoree con sal marina encima.
7. Coloque en el refrigerador para que se enfríe completamente.

Valores Nutricionales:

- Calorías por ración: 50
- Proteínas: 1,42 g
- Carbohidratos: 6,7 g
- Grasas: 2 g
- Azúcar: 5g

2. Helado Rocky Road de Crema Congelada

- **Tiempo de Preparación:** 5 Minutes
- **Tiempo de cocción:** 30 Minutes
- **Porciones:** 12

Ingredientes:

- 1 taza de leche entera
- 2 tazas de crema espesa
- ¾ taza de azúcar
- ½ cucharadita de sal
- 2 cucharadas de cacao en polvo sin azúcar
- ½ cucharadita de canela molida
- 3 yemas de huevo
- Barra de chocolate de 2 onzas, picada
- 1 taza de mini malvaviscos
- ½ taza de nueces tostadas.

Indicaciones:

1. Agregue la leche, la nata, el azúcar y la sal en una cacerola y calienta a fuego medio-bajo. Cocine a fuego lento durante 3 minutos o hasta que el azúcar se disuelva. Agregue el cacao en polvo y la canela. Revuelva por un minuto más. Retirar del fuego.

2. En un bol, agregue las yemas de huevo. Rocíe ½ taza de leche tibia en las yemas de huevo mientras bate

constantemente para formar una mezcla suave. Vuelve a colocar la mezcla de huevo en la olla.

3. Encienda el fuego a medio-bajo, luego cocine hasta que la mezcla comience a espesarse. Revuelva constantemente mientras cocina.

4. Apague el fuego, luego cuele la combinación para quitar grumos. Deje que la leche se enfríe a temperatura ambiente. Mételo en la nevera.

5. Encienda el Cuisinart y vierta la mezcla. Batir durante 15 minutos.

6. Cinco minutos antes de que termine el tiempo, agregue el chocolate picado, los malvaviscos y las nueces.

7. Transfiera a un recipiente hermético.

8. Coloque en la nevera para que se enfríe por completo.

Valores Nutricionales:

- Calorías por ración: 189
- Proteínas: 2,6 g
- Carbohidratos: 13,8 g
- Grasas: 14,4 g
- Azúcar:11.3g

3. Helado de Natilla de Fresa y Té Matcha

- **Tiempo de Preparación:** 5 Minutos
- **Tiempo de cocción:** 30 Minutos
- **Porciones:** 10

Ingredientes:

- 3 tazas de crema espesa
- 1 taza de leche
- ¾ taza de azúcar
- Una pizca de sal
- 1 vaina de vainilla, raspada
- 6 yemas de huevo
- ½ taza de fresas picadas
- 3 cucharadas de matcha o té verde en polvo.

Indicaciones:

1. Agrega la crema, la leche, el azúcar y la sal en una cacerola y calienta a fuego medio-bajo. Cocine a fuego lento durante 3 minutos o hasta que el azúcar se disuelva. Agregue la pasta de vainilla. Retirar de la estufa.

2. En un bol, agregue las yemas de huevo. Rocíe ½ taza de leche tibia en las yemas de huevo mientras bate constantemente para formar una mezcla suave. Vuelve a colocar la combinación de huevo en la olla.

3. Encienda el fuego a medio-bajo, luego cocine hasta que la mezcla comience a espesarse. Revuelva constantemente mientras cocina.

4. Apague el fuego, luego cuele la mezcla para quitar grumos. Deje enfriar a temperatura ambiente. Ponlo en el congelador por 2 horas.

5. Encienda el Cuisinart y vierta la mezcla. Agregue las fresas picadas. Batir durante 15 minutos.

6. Transfiera a un recipiente hermético. Espolvoree polvo de matcha encima.

7. Coloque en el refrigerador para que se enfríe completamente.

Valores Nutricionales:

- Calorías por ración: 204
- Proteína: 3,2 g
- Carbohidratos: 10,6 g
- Grasas: 16,9 g
- Azúcar: 10g

4. **Helado de Piña**
- **Tiempo de Preparación:** 5 Minutos
- **Tiempo de Cocción:** 45 Minutos
- **Porciones:** 6

Ingredientes:

- 1 ½ taza de jugo de piña
- 1 lata de piña triturada
- ½ taza de crema batida espesa.

Indicaciones:

1. Ponga agua helada en un tazón grande para mezclar. Coloque un tazón pequeño encima del tazón grande con hielo.
2. Coloque todos los ingredientes en el tazón pequeño. Batir hasta que esté bien combinado.
3. Encienda el Cuisinart y vierta la mezcla. Congele durante 45 minutos.
4. Transfiera a recipientes herméticos.
5. Congelar durante la noche.

Valores Nutricionales:

- Calorías por ración: 136
- Proteína: 1 g
- Carbohidratos: 26 g
- Grasas: 3,8 g
- Azúcar: 24g

5. Helado de Mora

- **Tiempo de Preparación:** 5 Minutos
- **Tiempo de Cocción:** 45 Minutos
- **Porciones:** 10

Ingredientes:

- 1 ½ taza de moras, congeladas o frescas
- ¾ taza de leche entera helada
- ½ taza de azúcar
- Una pizca de sal
- 1 ½ taza de crema espesa
- 1 ½ cucharadita de vainilla

Indicaciones:

1. Limpiar las moras quitando el tallo y las semillas. Triturar para que suelte el jugo y pasar por un colador. Guarde el jugo y déjelo a un lado.

2. Ponga agua helada en un tazón grande para mezclar. Coloque un tazón pequeño encima del tazón grande con hielo.

3. Coloque la leche entera, el azúcar y la sal. Batir para combinar todo. Agrega la crema, la vainilla y el jugo de moras. Revuelva para mezclar.

4. Encienda el Cuisinart y vierta la mezcla. Congele durante 45 minutos.

98

5. Transfiera a recipientes herméticos.

6. Congelar durante la noche.

Valores Nutricionales:

- Calorías por ración: 151
- Proteína: 3 g
- Carbohidratos: 15 g
- Grasas: 9,1 g
- Azúcar: 13.1g

6. Helado de Albaricoque

- **Tiempo de Preparación:** 5 Minutos
- **Tiempo de Cocción:** 45 Minutos
- **Porciones:** 10

Ingredientes:

- 1 ½ cucharada de ralladura de limón
- ½ taza de albaricoque, triturado
- 1 taza de azúcar
- 1 ½ tazas de leche entera helada
- 1 ½ taza de crema batida fría

Indicaciones:

1. Ponga agua helada en un tazón grande para mezclar. Coloque un tazón pequeño encima del tazón grande con hielo.

2. En un tazón pequeño, mezcle la ralladura de limón, el albaricoque triturado, el azúcar y la leche. Batir hasta que esté bien combinado.

3. Agregue la crema batida, luego vuelva a batir para incorporar todos los ingredientes.

4. Encienda el Cuisinart y vierta la mezcla. Congele durante 45 minutos.

5. Transfiera a recipientes herméticos y congele durante la noche.

Valores Nutricionales:

- Calorías por ración: 143
- Proteínas: 4,7 g
- Carbohidratos: 16,5 g
- Grasas: 6,8 g
- Azúcar: 14.2g

7. Helado de Melón de Natilla

- **Tiempo de Preparación:** 5 Minutos
- **Tiempo de Cocción:** 30 Minutos
- **Porciones:** 10

Ingredientes:

- 3 tazas de leche entera
- 1 taza de azúcar
- 8 yemas de huevo
- Una pizca de sal
- 1 taza de melón, sin semillas y triturado.

Indicaciones:

1. Agrega la leche y el azúcar en una cacerola y calienta a fuego medio-bajo. Cocine a fuego lento durante 3 minutos o hasta que el azúcar se disuelva. Retirar del fuego.

2. En un bol, agregue las yemas de huevo. Rocíe ½ taza de leche tibia en las yemas de huevo mientras bate constantemente para formar una mezcla suave. Vuelve a colocar la combinación de huevo en la olla. Agrega la sal.

3. Encienda el fuego a medio-bajo, luego cocine hasta que la mezcla comience a espesarse. Revuelva constantemente mientras cocina.

4. Apague el fuego, luego cuele la mezcla para quitar grumos. Deje que la leche se enfríe a temperatura ambiente. Métalo en la nevera durante 2 horas.

5. Encienda el Cuisinart y vierta la mezcla. Batir durante 15 minutos.

6. Cinco minutos antes de que termine el tiempo, agregue el melón triturado.

7. Transfiera a un recipiente hermético.

8. Coloque en la nevera para que se enfríe por completo.

Valores Nutricionales:

- Calorías por ración: 155
- Proteínas: 4,5 g
- Carbohidratos: 21,4 g
- Grasas: 5,9 g
- Azúcar: 20,1g

8. Helado de Calabaza de Natilla

- **Tiempo de Preparación:** 5 Minutos
- **Tiempo de Cocción:** 30 Minutos
- **Porciones:** 6

Ingredientes:

- 2 tazas de crema espesa
- 2 tazas de leche
- ¼ de taza de azúcar granulada
- ¾ taza de azúcar morena
- 1/8 de cucharadita de sal
- 3 yemas de huevo
- 1 cucharadita de canela
- ¼ de cucharadita de nuez moscada rallada
- 1/8 de cucharadita de clavo molido
- 1/8 de cucharadita de jengibre molido
- 1 cucharada de extracto de vainilla
- 1 taza de calabaza enlatada, machacada

Indicaciones:

1. Agrega la crema, la leche, el azúcar y la sal en una cacerola y calienta a fuego medio-bajo. Cocine a fuego lento durante 3 minutos o hasta que el azúcar se disuelva. Retirar de la estufa.

2. En un bol, agregue las yemas de huevo. Rocíe ½ taza de leche tibia en las yemas de huevo mientras bate constantemente para formar una mezcla suave. Vuelve a colocar la mezcla de huevo en la olla. Agrega la canela, la nuez moscada, el clavo, el jengibre y la vainilla.

3. Encienda el fuego a medio-bajo, luego cocine hasta que la mezcla comience a espesarse. Revuelva constantemente mientras cocina.

4. Apague el fuego, luego cuele la mezcla para quitar grumos. Deje que la leche se enfríe a temperatura ambiente. Mételo en la nevera durante 2 horas.

5. Encienda el Cuisinart y vierta la mezcla. Agregue el puré de calabaza. Batir durante 15 minutos.

6. Transfiera a un recipiente hermético.

7. Coloque en el refrigerador para que se enfríe completamente.

Valores Nutricionales:

- Calorías por ración: 457
- Proteínas: 10,7 g
- Carbohidratos: 40 g
- Grasas: 29 g
- Azúcar: 47g

9. Helado de Mango

- **Tiempo de Preparación:** 5 Minutos
- **Tiempo de Cocción:** 15 Minutos
- **Porciones:** 10

Ingredientes:

- 3 tazas de leche entera
- 1 taza de azúcar
- 8 yemas de huevo
- Una pizca de sal
- ¼ de taza de puré de mango
- 3 cucharadas de mango seco, picado

Indicaciones:

1. Agrega la leche y el azúcar en una cacerola y calienta a fuego medio-bajo. Cocine a fuego lento durante 3 minutos o hasta que el azúcar se disuelva. Retirar del fuego.
2. En un bol, agregue las yemas de huevo. Rocíe ½ taza de leche tibia en las yemas de huevo mientras bate constantemente para formar una mezcla suave. Vuelve a colocar la combinación de huevo en la olla. Agrega la sal.
3. Encienda el fuego a medio-bajo y cocine hasta que la mezcla comience a espesarse. Revuelva constantemente mientras cocina. Agregue el puré de mango al final.
4. Apague el fuego, luego cuele la mezcla para quitar grumos. Deje que la leche se enfríe a temperatura ambiente. Métalo en la nevera durante 2 horas.

5. Encienda el Cuisinart y vierta la mezcla. Batir durante 15 minutos.
6. Cinco minutos antes de que termine el tiempo, agregue el mango seco.
7. Transfiera a un recipiente hermético.
8. Coloque en la nevera para que se enfríe por completo.

Valores Nutricionales:

- Calorías por ración: 154
- Proteínas: 4,3 g
- Carbohidratos: 21,2 g
- Grasas: 5,8 g
- Azúcar: 20.4g

10. Helado de Cúrcuma

- **Tiempo de Preparación:** 5 Minutos
- **Tiempo de Cocción:** 30 Minutos
- **Porciones:** 10

Ingredientes:

- 3 tazas de leche entera
- 1 taza de azúcar
- 2 cucharadas de cúrcuma en polvo
- 8 yemas de huevo
- Una pizca de sal.

Indicaciones:

1. Agregue la leche, el azúcar y la cúrcuma en polvo a una cacerola y caliente a fuego medio-bajo. Cocine a fuego lento durante 3 minutos o hasta que el azúcar se disuelva. Retirar del fuego.

2. En un bol, agregue las yemas de huevo. Rocíe ½ taza de leche tibia en las yemas de huevo mientras bate constantemente para formar una mezcla suave. Vuelve a colocar la mezcla de huevo en la olla. Agrega la sal.

3. Encienda el fuego a medio-bajo y cocine hasta que la mezcla comience a espesarse. Revuelva constantemente mientras cocina.

4. Apague el fuego, luego cuele la mezcla para quitar grumos. Deje que la leche se enfríe a temperatura ambiente. Métalo en la nevera durante 2 horas.

5. Encienda el Cuisinart y vierta la mezcla. Batir durante 15 minutos.

6. Transfiera a un recipiente hermético.

7. Coloque en el refrigerador para que se enfríe completamente.

Valores Nutricionales:
- Calorías por ración: 155
- Proteína: 5 g
- Carbohidratos: 22 g
- Grasas: 5 g
- Azúcar: 19g

11. Helado Vegano

- **Tiempo de Preparación:** 5 Minutos
- **Tiempo de Cocción:** 45 Minutos
- **Porciones:** 12

Ingredientes:

- 2 latas de leche de coco entera
- ½ taza de azúcar sin refinar
- 1 cucharadita de extracto de vainilla
- 1 pizca de goma xantana
- ½ taza de chispas de chocolate amargo
- 1/3 taza de maní tostado salado

Indicaciones:

1. Vierta la leche de coco y el azúcar en una cacerola y bata hasta que estén bien combinados. Agrega la vainilla y la goma xantana. Llevar a ebullición y batir durante 5 minutos.
2. Apagar el fuego y dejar enfriar en el frigorífico durante al menos 6 horas.
3. Encienda el Cuisinart y vierta la mezcla. Congele durante 45 minutos.
4. Agregue las chispas de chocolate y luego los manís a la mezcla 5 minutos antes de detener la máquina.

5. Transfiera a recipientes herméticos y congele durante la noche.

Valores Nutricionales:

- Calorías por ración: 361
- Proteína: 4,1 g
- Carbohidratos: 27,3 g
- Grasas: 28,6 g
- Azúcar: 23.4g

12. Helado de Mantequilla y Nueces

- **Tiempo de Preparación:** 5 Minutos
- **Tiempo de cocción:** 25 Minutos
- **Porciones:** 10

Ingredientes:

- ½ taza de mantequilla sin sal
- 1 taza de nuez picada
- 1 cucharadita de sal
- 1 taza de leche entera helada
- ¾ taza de azúcar granulada
- 2 tazas de crema espesa helada
- 1 cucharadita de extracto puro de vainilla.

Indicaciones:

1. Derretir la mantequilla en una sartén y agregar las nueces y la sal. Sofría a fuego medio hasta que las nueces estén doradas. Retirar y colar las nueces. Reserva la mantequilla para otro uso. Deja a un lado las nueces. Deje que las nueces se enfríen al menos a temperatura ambiente.

2. Ponga agua helada en un tazón grande para mezclar. Coloque un tazón pequeño encima del tazón grande con hielo. Batir la leche y el azúcar hasta que el azúcar

se disuelva. Agrega la crema espesa y la vainilla. Revuelva hasta que esté combinado.

3. Encienda el Cuisinart y vierta la mezcla. Congele por 25 minutos y agregue las nueces cinco minutos antes de que termine el tiempo.

4. Coloque el helado en un recipiente y congele durante la noche.

Valores Nutricionales:

- Calorías por porción: 281
- Proteína: 4,6 g
- Carbohidratos: 10,2 g
- Grasas: 25,4 g
- Azúcar: 9g

13. Helado de Crema Congelada de Vainilla
- **Tiempo de Preparación:** 5 Minutos
- **Tiempo de Cocción:** 30 Minutos
- **Porciones:** 6

Ingredientes:

- 2 tazas de crema espesa
- 1 taza de leche entera
- 2/3 taza de azúcar granulada
- Una pizca de sal

- 6 yemas de huevo grandes
- 2 cucharaditas de extracto de vainilla

Indicaciones:

1. Agrega la nata, la leche, el azúcar y la sal en una cacerola y calienta a fuego medio-bajo. Cocine a fuego lento durante 3 minutos o hasta que el azúcar se disuelva.

2. Retirar del fuego.

3. En un bol, bata las yemas de huevo. Rocíe ½ taza de leche tibia en las yemas de huevo mientras bate constantemente para formar una mezcla suave. Vuelva a colocar la mezcla de huevo en la olla y agregue la vainilla.

4. Encienda el fuego a medio-bajo y cocine hasta que la mezcla comience a espesarse. Revuelva constantemente mientras cocina.

5. Apague el fuego, luego cuele la mezcla para quitar grumos. Deje que la leche se enfríe a temperatura ambiente. Métalo en la nevera durante 2 horas.

6. Encienda el Cuisinart y vierta la mezcla. Batir durante 15 minutos.

7. Transfiera a un recipiente hermético, luego colóquelo en el refrigerador para que se enfríe por completo.

Valores Nutricionales:

- Calorías por ración: 443
- Proteína: 5 g
- Carbohidratos: 27 g
- Grasas: 35 g
- Azúcar: 24g

14. Helado de Taro Morado

- **Tiempo de Preparación:** 5 Minutos
- **Tiempo de Cocción:** 1 Hora y 15 Minutos
- **Porciones:** 10

Ingredientes:

- 1 taza de taro morado, pelado y cortado en cubos
- 1 taza de leche entera helada
- ¾ taza de azúcar
- 1 ½ taza de crema espesa helada
- 2 cucharadas de extracto de vainilla

Indicaciones:

1. Coloque el taro morado en una cacerola y agregue suficiente agua para cubrir el taro. Deje hervir durante 35 minutos o hasta que esté suave. Escurrir para eliminar el exceso de agua. Triturar el taro morado con un tenedor y quitar los grumos grandes. Dejar enfriar.

2. Ponga agua helada en un tazón grande para mezclar. Coloque un tazón pequeño encima del tazón grande con hielo.

3. Coloque la leche y el azúcar en el bol y revuelva para disolver el azúcar. Agregue el taro machacado y

enfriado a la mezcla. Agrega la crema espesa y la vainilla. Revuelve para combinar.

4. Encienda el Cuisinart y vierta la mezcla. Congele durante 45 minutos.

5. Transfiera a recipientes herméticos.

6. Congelar durante la noche.

Valores Nutricionales:

- Calorías por ración: 154
- Proteína: 3,3 g
- Carbohidratos: 11,8 g
- Grasas: 9,9 g
- Azúcar: 8.3g

15. Helado de Durazno

- **Tiempo de Preparación:** 5 Minutos
- **Tiempo de Cocción:** 45 Minutos
- **Porciones:** 10

Ingredientes:

- 2 duraznos maduros, pelados, deshuesados y en rodajas
- 1 ½ tazas de leche entera helada
- 1 taza de crema batida helada
- 4 onzas de queso crema en cubos, temperatura ambiente
- ½ taza de azúcar
- 2 cucharadas de miel
- ½ cucharadita de extracto de vainilla
- 1/8 de cucharadita de sal

Indicaciones:

1. Ponga agua helada en un tazón grande para mezclar. Coloque un tazón pequeño encima del tazón grande con hielo.
2. Coloque los duraznos en una licuadora, luego licue hasta que se forme una pasta suave.
3. Vierta los duraznos en el recipiente frío y agregue la leche, la crema para montar, el queso crema y el

azúcar. Batir hasta que esté bien combinado y suave. Agrega la miel, el extracto de vainilla y la sal.

4. Encienda el Cuisinart y vierta la mezcla. Congele durante 45 minutos.

5. Transfiera a recipientes herméticos y congele durante la noche.

Valores Nutricionales:

- Calorías por ración: 176
- Proteínas: 5,6 g
- Carbohidratos: 17,6 g
- Grasas: 9,7 g
- Azúcar: 14,2g

CAPÍTULO 10: RECETAS DE SORBETES

1. Sorbete de Fresa

- **Tiempo de Preparación:** 8 Horas
- **Tiempo de Cocción:** 0 Minutos
- **Porciones:** 4

Ingredientes:

- • 3 tazas de fresas
- • 2 cucharadas de miel
- • 1 cucharadita de jugo de limón
- • 1/4 taza de agua tibia

Indicaciones:

1. Extienda las fresas en un molde para hornear forrado con papel encerado. Congela durante 4 horas.

2. Agregue las fresas congeladas a una licuadora, agregue la miel y jugo de limón. Pulsa hasta que quede suave.

3. Agrega un poco de agua tibia y licúa. Transfiera a un recipiente y luego se congele durante 4 horas hasta que esté firme.

4. ¡Sirve y disfruta!

Valores Nutricionales:

- Calorías 80
- Grasa 0,6 g
- Carbohidratos totales 19,8 g
- Proteína 1 g

2. Sorbete de Durazno

- **Tiempo de Preparación:** 8 Horas
- **Tiempo de Cocción:** 0 Minutos
- **Porciones:** 4

Ingredientes:

- 4 duraznos, en rodajas
- 1 cucharada de miel
- 1 cucharadita de jugo de limón
- 1/2 taza de agua tibia

Indicaciones:

1. Extienda las rodajas de durazno en una bandeja para hornear forrada con papel encerado. Congela durante 4 horas.

2. Agregue las rodajas de durazno congeladas a un procesador de alimentos y licúe hasta que quede cremoso.

3. Agregue jugo de limón, agua tibia, miel y continúe batiendo hasta que quede suave.

4. Transfiera a un recipiente hermético, luego congele durante 4 horas hasta que esté firme.

5. ¡Sirve y disfruta!

Valores Nutricionales:

- Calorías 80
- Grasa 0,6
- Carbohidratos totales 19,8
- Proteína 1.1

3. Sorbete de Piña, Albahaca Tailandesa y Jengibre

- **Tiempo de Preparación:** de 5 a 6 Horas
- **Tiempo de Cocción:** 0 Minutes
- **Porciones:** 4

Ingredientes:

- 1 piña
- 1 taza de agua
- 3/8 taza de azúcar en polvo blanca
- 1 lima, exprimida y rallada
- 1 tallo de jengibre, en rodajas
- Un puñado de hojas de albahaca tailandesa.

Indicaciones:

1. Agregue todos los ingredientes a una licuadora, presione hasta que quede suave. Transfiera la mezcla

de helado a un recipiente grande y congele durante 4 horas o toda la noche.

2. Saque la mezcla del congelador, rómpala en trozos y agréguela a una licuadora, procese hasta que quede suave. Vuelva a transferirlo al recipiente y congele durante 1 hora.

3. Sirva en tazones, cubra con albahaca extra. ¡A Disfrutar!

Valores Nutricionales:

- Calorías 145
- Grasa 0
- Carbohidratos totales 33
- Proteína 1

4. Sorbete de Coco y Piña

- **Tiempo de Preparación:** de 4 a 5 Horas
- **Tiempo de Cocción:** 10 Minutos
- **Porciones:** 4

Ingredientes:

- 1/2 lata de leche de coco
- 3/4 taza de azúcar blanca
- 3/4 taza de agua
- 2 cucharadas de jugo de lima
- 1/2 lata de piña triturada, escurrida

Indicaciones:

1. Mezcle el agua y el azúcar en una cacerola y colóquelo a fuego medio. Deje hervir y revuelva bien hasta que

el azúcar se disuelva. Retirar del fuego y enfriar completamente.

2. Agregue la piña a una licuadora y procese hasta que quede suave. Mezcle el puré de piña, el almíbar, el jugo de limón y la leche de coco.

3. Transfiera la mezcla de helado a un recipiente grande y congele durante 4 horas o toda la noche.

4. Retire la mezcla del congelador, rómpala en trozos y agréguela a una licuadora, procese hasta que quede suave. Vuelva a transferirlo al recipiente y luego congélelo durante 1 hora.

5. Sirva en tazones. ¡A Disfrutar!

Valores Nutricionales:

- Calorías 156
- Carbohidratos totales 16
- Proteína 2

5. Sorbete de Mango

- **Tiempo de Preparación:** de 5 a 6 horas
- **Tiempo de Cocción:** 10 Minutos
- **Porciones:** 4

Ingredientes:

- 2 mangos maduros, pelados y picados
- 1/2 taza de azúcar
- 1/2 taza de agua
- 2 cucharadas de jugo de lima
- 2 cucharadas de jarabe de maíz ligero
- Una pizca de sal

Indicaciones:

1. Precaliente una sartén a fuego medio, agregue azúcar, agua y sal, cocine hasta que el azúcar se disuelva.

2. Agregue el mango, el jugo de limón y la mezcla de azúcar a una licuadora y forme un puré. Agregue el jarabe de maíz y revuelva para mezclarlos.

3. Transfiera la mezcla de helado a un recipiente grande y congele durante 4 horas o toda la noche.

4. Retire la combinación del congelador, rómpala en trozos y agréguela a una licuadora, procese hasta que quede suave. Vuelva a transferirlo al recipiente y luego congélelo durante 1 hora.

5. Sirva en tazones. ¡A Disfrutar!

Valores Nutricionales:

- Calorías 216
- Grasas 8.1 g
- Carbohidratos totales 35.5 g
- Proteína 2 g

6. Sorbete de Naranja

- **Tiempo de Preparación:** de 5 a 6 Horas
- **Tiempo de Cocción:** 0 Minutos
- **Porciones:** 4

Ingredientes:

- 1/4 taza de agua fría
- 1 cucharadita de gelatina sin sabor
- 3/4 taza de agua hirviendo
- 3/4 taza de azúcar
- 2,25 cucharadas de ralladura de naranja
- 1/2 taza de jugo de naranja
- 1/4 taza de jugo de limón
- 1 yema de huevo batida
- 1/2 taza de crema espesa

- 3 cucharadas de azúcar
- 1 pizca de sal
- 1 clara de huevo

Indicaciones:

1. Agregue agua fría a un tazón pequeño, rocíe con gelatina y deje reposar durante 5 minutos.

2. En un recipiente aparte, combine el agua hirviendo, 3/4 taza de azúcar y la gelatina remojada. Revuelva hasta que la gelatina y el azúcar se disuelvan.

3. Agregue la ralladura de naranja, el jugo de naranja, el jugo de limón y luego la yema de huevo a la mezcla de gelatina. Dejar de lado.

4. En otro tazón grande, bata la crema espesa, la sal y 3 cucharadas de azúcar hasta que se formen picos.

5. En un tazón extra mediano, bata la clara de huevo hasta que esté rígida, incorpórela con la crema batida. Agregue gradualmente la mezcla de jugo y mezcle bien para combinar.

6. Transfiera la mezcla de helado a un recipiente grande y congele durante 4 horas o toda la noche.

7. Saque la mezcla del congelador, rómpala en trozos y agréguela a una licuadora, procese hasta que quede

suave. Vuelva a transferirlo al recipiente y luego congélelo durante 1 hora.

8. Sirva en vasos. ¡A Disfrutar!

Valores Nutricionales:

- Calorías 216
- Grasas 8.1 g
- Carbohidratos totales 35.5 g
- Proteína 2 g

7. Sorbete de Chocolate con Amaretto

- **Tiempo de Preparación:** de 5 a 6 Horas
- **Tiempo de Cocción:** 0 Minutos
- **Porciones:** 4

Ingredientes:

- 1 taza de azúcar
- 3/4 taza de cacao en polvo sin azúcar
- 1,5 tazas de agua
- 2 cucharadas de amaretto (licor con sabor a almendras))

Indicaciones:

1. En un tazón, mezcle el azúcar, el cacao, el agua y el amaretto hasta que quede suave.

2. Transfiera la mezcla de helado a un recipiente grande y congele durante 4 horas o toda la noche.

3. Saque la mezcla del congelador, rómpala en trozos y agréguela a una licuadora, procese hasta que quede suave. Vuelva a transferirlo al recipiente y luego congélelo durante 1 hora.

4. ¡Sirve y disfruta!

Valores Nutricionales:

- Calorías 130
- Grasas 1.1g
- Carbohidratos totales 31.2g
- Proteína 1.6g

8. Sorbete de Arándano

- **Tiempo de Preparación:** de 5 a 6 Horas
- **Tiempo de Cocción:** de 5 a 10 minutos
- **Porciones:** 4

Ingredientes:

- 2 tazas de arándanos frescos
- 2 tazas de azúcar blanca
- 2 tazas de leche
- 1 taza de crema espesa.

Indicaciones:

1. Agregue los arándanos a una sartén. Cubra con agua del grifo.
2. Déjelo hervir y cocine hasta que los arándanos revienten. Retirar del fuego y escurrir el exceso de agua.
3. Regrese a la cacerola, agregue el azúcar y cocine a fuego lento. Disuelva el azúcar. Transfiera a un tazón y enfríe en un congelador hasta que esté frío.
4. Agregue la leche y la crema espesa. Transfiera la mezcla de helado a un recipiente grande y congele durante 4 horas o toda la noche.
5. Saque la mezcla del congelador, rómpala en trozos y agréguela a una licuadora, procese hasta que quede suave. Vuelva a transferirlo al recipiente y luego congélelo durante 1 hora.
6. ¡Sirve y disfruta!

Valores Nutricionales:

- Calorías 337
- Grasas 12.2g
- Carbohidratos Totales 56.6g
- Proteína 2.7g

CAPÍTULO 11: RECETAS DE PALETAS

1. **Paletas Heladas de Doble Chocolate**

- **Tiempo de Preparación:** 4 horas y 40 minutos
- **Tiempo de Cocción:** 0 Minutos
- **Porciones:** 8

Ingredientes:

- 2 ½ tazas de leche
- 2 cucharadas de cacao en polvo
- 2 cucharadas de maicena
- 1 cucharada de mantequilla
- ¼ de taza de chispas de chocolate
- ½ taza de azúcar blanca

- 1 cucharadita de extracto de vainilla

Indicaciones:

1. Inicialmente, vierta la leche en una olla a fuego medio.
2. Agregue el cacao en polvo, la maicena y el azúcar.
3. Cocine revolviendo hasta que el azúcar se haya disuelto.
4. Cocine a fuego lento durante 2 minutos o hasta que la consistencia se espese.
5. Apague el fuego.
6. A continuación, agregue la mantequilla y el extracto de vainilla.
7. Transfiera a un recipiente.
8. Refrigere por 20 minutos.
9. Luego, agregue las chispas de chocolate a la mezcla.
10. Vierta la mezcla en moldes para paletas.
11. Congelar durante 4 horas.

Valores Nutricionales:

- Calorías 144,9
- Grasas 5,7 g
- Grasas saturadas 3,4 g
- Carbohidratos 22 g
- Fibra dietética 0,7 g
- Proteína 2,9 g
- Colesterol 11,4 mg
- Azúcares 19 g
- Sodio 41,8 mg
- Potasio 164.2 mg

2. Paleta de Frutas con Yogurt

- **Tiempo de Preparación:** 5 horas y 20 minutos
- **Tiempo de Cocción:** 0 Minutos
- **Porciones:** 8

Ingredientes:

- ½ taza de banana en rodajas
- ½ taza de arándanos frescos, en rodajas
- ½ taza de fresas frescas, en rodajas
- ½ taza de frambuesas frescas, en rodajas
- ¼ de taza de azúcar blanca
- 2 tazas de yogur de vainilla

Indicaciones:

1. Agregue las bananas y las bayas a una licuadora.
2. Procese hasta que quede suave.
3. Agregue la mezcla a un bol.
4. Agregue el azúcar y la vainilla.
5. Mezclar bien.
6. Vierta la mezcla en moldes para paletas.
7. Congelar durante 5 horas.

Valores Nutricionales:

- Calorías 83,4
- Grasas 1,1 g
- Grasas saturadas 0,6 g
- Carbohidratos 15,8 g
- Fibra dietética 0,9 g
- Proteína 3,5 g
- Colesterol 3.7 mg
- Azúcares 14,2 g
- Sodio 43,2 mg
- Potasio 171.4 mg

3. Paletas de Bayas

- **Tiempo de Preparación**: 6 horas y 10 minutos
- **Tiempo de Cocción:** 0 Minutos
- **Porciones:** 10

Ingredientes:

- 1 ¾ tazas de leche
- 2 cucharadas de miel
- ¼ de cucharadita de extracto de vainilla
- 1 taza de arándanos, en rodajas
- 1 taza de frambuesas, en rodajas

Indicaciones:

1. Agregue la leche a una sartén a fuego medio.
2. Agregue la miel y la vainilla.

3. Cocine mientras revuelve durante 5 minutos.
4. Deje enfriar.
5. Agregue las bayas a los moldes para paletas.
6. Vierta la mezcla de leche.
7. Congelar durante 6 horas.

Valores Nutricionales:

- Calorías 51
- Grasa 2 g
- Grasa saturada 1 g
- Carbohidratos 8 g
- Fibra 2 g
- Proteína 2 g
- Colesterol 4 mg
- Azúcares 6 g
- Sodio 19 mg
- Potasio 57 mg

4. Paletas de Banana y Cereal

- **Tiempo de Preparación**: 1 hora y 10 minutos
- **Tiempo de Cocción:** 0 Minutos
- **Porciones:** 8

Ingredientes:

- 4 bananas, cortados por la mitad transversalmente
- ¾ taza de yogur con sabor a fresa
- 2 tazas de cereal de frutas

Indicaciones:

1. Inserte palitos de helado en las rodajas de plátano.
2. Luego, cubra los plátanos con el yogur.
3. Espolvoree con el cereal hasta que esté completamente cubierto.

146

4. Luego, coloque en un molde para hornear forrado con papel encerado.

5. Congele durante 1 hora

Valores Nutricionales:

- Calorías 106
- Grasas 1 g
- Grasas saturadas 0 g
- Carbohidratos 24 g
- Fibra 2 g
- Proteína 2 g
- Colesterol 1 mg
- Azúcares 14 g
- Sodio 57 mg
- Potasio 211 mg

5. Paletas de Bayas y Yogurt

- **Tiempo de Preparación:** 4 horas y 15 minutos
- **Tiempo de Cocción:** 0 Minutos
- **Porciones:** 10

Ingredientes:

- ¼ de taza de fresas
- ¼ de taza de frambuesas
- ¼ de taza de arándanos
- ¼ de taza de moras
- 2 ¾ tazas de yogur griego con miel
- 2 cucharadas de azúcar
- ¼ de taza de agua

Indicaciones:

1. Agregue las bayas a un procesador de alimentos.
2. Procese hasta que estén bien picadas.
3. Coloque las bayas picadas en un bol.
4. Agregue el resto de los ingredientes.
5. Vierta la mezcla en moldes para paletas.
6. Congelar durante 4 horas.

Valores Nutricionales:

- Calorías 60
- Grasas 0 g
- Grasas saturadas 0 g

- Carbohidratos 9 g
- Fibra 1 g
- Proteína 6 g
- Colesterol 0 mg
- Azúcares 8 g
- Sodio 28 mg
- Potasio 220 mg

6. Paletas Rocky Road

- **Tiempo de Preparación:** 4 horas y 15minutos
- **Tiempo de Cocción:** 0 Minutos
- **Porciones:** 12

Ingredientes:

- ½ oz. de mezcla de pudín de chocolate
- 2 ½ tazas de leche
- ½ taza de maní, picado
- ½ taza de chispas de chocolate
- ½ taza de crema de malvavisco

Indicaciones:

1. Primero, combine la mezcla de pudín y la leche en una olla a fuego medio.
2. Cocine mientras revuelve durante 5 minutos.
3. Deje enfriar.
4. A continuación, agregue el resto de los ingredientes a la mezcla.
5. Mezclar bien.
6. Vierta la mezcla en los moldes para paletas.
7. Congelar durante 4 horas.

Valores Nutricionales:

- Calorías 140
- Grasa 7 g

- Grasa saturada 3 g
- Carbohidratos 14 g
- Fibra 1 g
- Proteína 4 g
- Colesterol 7 mg
- Azúcares 14 g
- Sodio 64 mg
- Potasio 105 mg

7. Paletas de Fresa y Romero

- **Tiempo de Preparación:** 4 horas y 15 minutos
- **Tiempo de Cocción:** 0 Minutos
- **Porciones:** 6

Ingredientes:

- 2 cucharadas de vinagre balsámico
- 1 taza de fresas picadas
- 2 ramitas de romero fresco
- 2 cucharadas de mermelada de fresa
- 1 ½ taza de yogur de vainilla

Indicaciones:

1. Primero, combine todos los ingredientes excepto el yogur en un bol.
2. Deje reposar durante 30 minutos.
3. Quite las ramitas de hierbas.
4. A continuación, agregue el yogur a los moldes para paletas.
5. Agregue la mezcla de fresas.
6. Repita las capas.
7. Congelar durante 4 horas.

Valores Nutricionales:

- Calorías 81
- Grasas 1 g
- Grasas saturadas 0 g
- Carbohidratos 16 g
- Fibra 1 g
- Proteína 3 g
- Colesterol 3 mg
- Azúcares 15 g
- Sodio 42 mg
- Potasio 184 mg

8. Paletas de Soya con Chocolate y Avellanas

- **Tiempo de Preparación:** 4 horas y 10 minutos
- **Tiempo de Cocción:** 0 Minutos
- **Porciones:** 8

Ingredientes:

- ½ taza de leche
- 1 taza de leche de soya y vainilla
- ¼ de taza de crema de avellanas con chocolate
- ¾ taza de yogur de vainilla.

Indicaciones:

1   Agregue la leche, la leche de soya, la crema de avellanas con chocolate y el yogur a una licuadora.

2   Mezclar hasta que esté suave.

3   Vierta la mezcla en moldes para paletas.

4   Congelar durante 4 horas.

Valores Nutricionales:

- Calorías 94
- Grasa 4 g
- Grasas saturadas 1 g
- Carbohidratos 11 g
- Fibra 0 g
- Proteína 4 g
- Colesterol 0 mg
- Azúcares 10 g
- Sodio 33 mg
- Potasio 88 mg

CAPÍTULO 12: RECETAS DE PASTELES Y TARTAS

1. Tarta Helada de Menta

- **Tiempo de Preparación:** 5 Minutos
- **Tiempo de Cocción:** 25 Minutos
- **Porciones:** 8

Ingredientes:

- 2 tazas de galletas Oreo
- 1/2 taza de mantequilla derretida
- 1 cucharadita de extracto de vainilla
- Helado de vainilla de 16 oz
- 2 cucharaditas de extracto de menta
- 1 gota de colorante verde para alimentos

Indicaciones:

1. Coloque las galletas en un procesador de alimentos y luego procese hasta que estén bien molidas. Vierta la mantequilla derretida y la vainilla y mezcle bien. Transfiera la mezcla a un molde para pastel o tarta de 9 pulgadas forrado con papel para hornear y presiónelo contra el fondo y los lados del molde con las yemas de los dedos. Poner aparte.

2. Poner el helado en un bol y dejar que se ablande un poco. Agregue la menta y el colorante para alimentos

156

y luego vierta el helado en la corteza de Oreo. Congele el molde en el congelador al menos 2 horas antes de servir.

Valores Nutricionales:

- Calorías: 434
- Sodio: 13mg
- Fibra Dietética: 15.6g
- Grasas totales: 9.1g
- Carbohidratos totales: 96.3g
- Proteína: 6.9g

2. Tarta Helado de Chocolate y Frambuesa

- **Tiempo de Preparación:** 5 Minutos
- **Tiempo de Cocción:** 25 Minutos
- **Porciones:** 8

Ingredientes:

- 2 tazas de galletas de chocolate
- 1/2 taza de mantequilla derretida
- 1 cucharada de ron oscuro
- Helado de chocolate de 15 oz
- 1 taza de frambuesas frescas.

Indicaciones:

1. Coloca las galletas en un procesador de alimentos, procesa hasta que estén bien molidas. Agregue la mantequilla derretida y el ron y presione hasta que se mezclen. Transfiera a un molde para pasteles de 9 pulgadas o molde para tartas y presione la mezcla en el fondo y los lados del molde. Dejarlo aparte.

2. En un bol, mezcle bien el helado para ablandarlo y luego agregue suavemente las frambuesas. Vierta el helado en su corteza y congele al menos 2 horas antes de servir.

Valores Nutricionales:

- Calorías: 283
- Sodio: 5mg
- Fibra dietética: 9.2g
- Grasas totales: 3.8g
- Carbohidratos totales: 65.6g
- Proteína: 3.5g

3. Tarta de Chocolate y Mantequilla de Maní

- **Tiempo de Preparación:** 5 Minutos
- **Tiempo de Cocción:** 25 Minutos
- **Porciones:** 8

Ingredientes:

- 1 1/2 tazas de galletas Graham
- 1/2 taza de mantequilla derretida
- 1 cucharadita de extracto de vainilla
- 1/4 taza de avellanas
- helado de chocolate de 16 oz
- 1/2 taza de mantequilla de maní
- 1/2 taza de crema espesa.

Indicaciones:

1. En una licuadora, combine las galletas saladas con las avellanas y procese hasta que estén molidas. Agregue la mantequilla derretida y la vainilla y mezcle bien, luego transfiéralo a un molde para tartas o pasteles de 9 pulgadas. Presione la mezcla hacia el fondo y a los lados del molde y luego póngala aparte.

2. En un tazón, mezcle la mantequilla de maní más la crema espesa hasta que quede suave. Agregue el helado ablandado y mezcle suavemente para hacer

una mezcla homogénea. Vierta la mezcla en su corteza y congele al menos 2 horas antes de servir.

Valores Nutricionales:

- Calorías: 291
- Sodio: 6mg
- Fibra dietética: 7.1g
- Grasas Totales: 6.2g
- Carbohidratos totales: 58.7g
- Proteína: 6.6g

4. Tarta Helada de Chocolate y Tofe

- **Tiempo de Preparación:** 5 Minutos
- **Tiempo de Cocción:** 25 Minutos
- **Porciones:** 8

Ingredientes:

- 1 1/2 tazas de galletas Graham
- 1/2 taza de mantequilla derretida
- 1 cucharadita de extracto de vainilla
- 15 oz de helado de vainilla
- oz. de chocolate, derretido y refrigerado
- 1 taza de azúcar
- 1/2 taza de crema espesa.

Indicaciones:

1. En una licuadora, mezcle las galletas con la mantequilla y la vainilla hasta que estén bien molidas, luego transfiéralas a un molde para pastel o tarta de 9 pulgadas y luego presione la mezcla en el fondo y hacia los lados del molde. Colocar aparte.

2. En una cacerola, derrita el azúcar hasta que tenga un color ámbar, luego vierta la crema espesa y cocine más minutos hasta que quede suave. Retirar la cacerola del fuego y dejar enfriar.

3. Para terminar el pastel, ablande el helado en un bol y agregue el chocolate derretido. Con una cuchara, colóquelo en la base de la tarta, alternándolo con una cucharada de salsa de caramelo fría.

4. Congele al menos 2 horas antes de servir.

Valores Nutricionales:

- Calorías: 760.3
- Sodio: 29.5mg
- Fibra dietética: 18.1g
- Grasas totales: 25.4g
- Carbohidratos totales: 141g
- Proteína: 53.5g

5. Tarta Helada de Chocolate y Café

- **Tiempo de Preparación:** 5 Minutos
- **Tiempo de Cocción:** 25 Minutos
- **Porciones:** 8

Ingredientes:

- 1 1/2 tazas de galletas de vainilla
- oz. de chocolate rallado
- 1/2 taza de mantequilla, derretida y fría
- 15 oz. de helado de chocolate, ablandado
- cucharaditas de café instantáneo
- 1 cucharada de extracto de vainilla.

Indicaciones:

1. Ponga las galletas en un procesador de alimentos y luego procese hasta que estén bien molidas. Agregue la mantequilla derretida y luego incorpore el chocolate rallado. Presione la mezcla en el fondo y hacia los lados de un molde para pastel o tarta de 9 pulgadas y reserve.
2. En un bol, mezcle el helado de chocolate ablandado con el café instantáneo y el extracto de vainilla. Vierta la mezcla en su corteza y congele al menos 2 horas antes de servir.

Valores Nutricionales:

- Calorías: 806
- Sodio: 4530mg
- Fibra dietética: 9.2g
- Grasas totales: 13.5g
- Carbohidratos totales: 113g
- Proteína: 37.1g

6. Tarta Helada de Lima

- **Tiempo de Preparación:** 5 Minutos
- **Tiempo de Cocción:** 25 Minutos
- **Porciones:** 8

Ingredientes:

- 1 1/2 tazas de galletas Graham
- 1/2 taza de mantequilla derretida
- 1 cucharadita de ralladura de lima
- Helado de vainilla de 16 oz
- ralladura y jugo de 1 lima

Indicaciones:

1. Coloque las galletas en una licuadora y procese hasta que estén bien molidas. Agregue la mantequilla derretida y 1 cucharadita de ralladura de lima, luego transfiera la mezcla a un molde para pastel o torta de 9 pulgadas y presione en el fondo y hacia los lados del molde. Dejar a un lado.

2. En un tazón, mezcle el helado ablandado con la ralladura de lima y el jugo y luego vierta la mezcla en la base de la tarta. Congelar al menos 2 horas antes de servir.

Valores Nutricionales:

- Calorías: 161
- Sodio: 2mg
- Fibra dietética: 5.0g
- Grasas totales: 0.6g
- Carbohidratos totales: 41.4g
- Proteína: 2.1g

7. Tarta Helada de Limón y Mora

- **Tiempo de Preparación:** 5 Minutos
- **Tiempo de Cocción:** 25 Minutos
- **Porciones:** 8

Ingredientes:

- 1 1/2 tazas de galletas de vainilla
- 1/2 taza de mantequilla derretida
- 1 cucharadita de ralladura de limón
- Cucharadas de azúcar en polvo
- Helado de vainilla de 16 oz
- 1 taza de moras frescas o congeladas
- 1 cucharada de ralladura de limón
- Cucharadas de jugo de limón
- Cucharadas de azúcar.

Indicaciones:

1. Coloque las galletas, la mantequilla derretida, 1 cucharadita de ralladura de limón y el azúcar en polvo en un procesador de alimentos y presione hasta que estén bien molidos. Transfiera a un molde para pasteles de 9 pulgadas o molde para tartas y presiónelo en el fondo y hacia los lados del molde. Dejar aparte.

2. Para hacer el relleno, licúa las moras con la ralladura de limón, el azúcar y el jugo de limón hasta que quede suave. Incorpore el helado ablandado, luego vierta la mezcla en su corteza y congele al menos 2 horas antes de servir.

Valores Nutricionales:

- Calorías: 151
- Sodio: 15mg
- Fibra dietética: 6.6g
- Grasas totales: 0.7g
- Carbohidratos totales: 35.6g
- Proteína: 3.3g

8. Tarta Helada de Chocolate y Banana

- **Tiempo de Preparación:** 5 Minutos
- **Tiempo de Cocción:** 25 Minutos
- **Porciones:** 8

Ingredientes:

- tazas de galletas Graham
- 1/2 taza de mantequilla derretida
- oz. de chocolate
- oz. de crema espesa
- bananas maduras, en rodajas
- 15 oz. helado de vainilla.

Indicaciones:

1. Coloque las galletas en una licuadora y procese hasta que estén bien molidas y luego vierta la mantequilla derretida. Transfiera la mezcla a un molde para pastel o tarta de 9 pulgadas y presione bien en el fondo y hacia los lados del molde. Colocar aparte.

2. En una olla, espere a que la crema espesa alcance el punto de ebullición y luego agregue el chocolate. Retire del fuego y revuelva hasta que esté licuado y suave. Déjelo enfriar y luego viértalo en la sartén, sobre la corteza.

3. Cubra con rodajas de banana y cubra con helado de vainilla.

4. Congele al menos 4 horas antes de cortar y servir.

Valores Nutricionales:

- Calorías: 435
- Sodio: 61mg
- Fibra Dietética: 8.8g
- Grasas Totales: 11.4g
- Carbohidratos Totales: 80.3g
- Proteína: 12.8g

9. Tarta Helada de Mantequilla de Maní

- **Tiempo de Preparación:** 5 Minutos
- **Tiempo de Cocción:** 25 Minutos
- **Porciones:** 8

Ingredientes:

- tazas de galletas Graham
- 1/2 taza de mantequilla derretida
- cucharadas de azúcar en polvo
- Helado de vainilla de 15 oz
- 1 taza de mantequilla de maní
- 1/2 taza de crema espesa.

Indicaciones:

1. En una licuadora, triture las galletas Graham y luego agregue la mantequilla derretida y el azúcar en polvo. Presione esta mezcla en el fondo y los lados del molde y luego reserve.

2. En un tazón, mezcle la mantequilla de maní más la crema espesa hasta que quede suave, luego agregue el helado y mezcle bien. Coloque la mezcla en la base que acaba de hacer y refrigere al menos 2 horas antes de servir.

Valores Nutricionales:

- Calorías: 399
- Sodio: 54mg
- Fibra dietética: 12.7g
- Grasas totales: 7.8g
- Carbohidratos totales: 88.2g
- Proteína: 8.3g

10.   Tarta de Queso Helada con Arándanos

- **Tiempo de Preparación:** 5 Minutos
- **Tiempo de Cocción:** 25 Minutos
- **Porciones:** 8

Ingredientes:

- tazas de galletas Graham
- 1/2 taza de mantequilla derretida
- cucharadas de azúcar en polvo
- Helado de vainilla de 15oz
- 1 taza de queso crema
- 1 taza de arándanos
- cucharadas de azúcar.

Indicaciones:

1. En un procesador de alimentos, procese las galletas hasta que estén bien molidas y luego agregue la mantequilla y el azúcar en polvo. Transfiera la mezcla la corteza de la tarta y presiónela en el fondo y los lados del molde. Apartar.

2. Coloque los arándanos, el queso crema y el azúcar en una licuadora y forme un puré. Transfiera a un bol y agregue el helado, ligeramente ablandado. Mezcle bien y luego vierta en la corteza de galleta. Congelar al menos 2 horas antes de servir.

Valores Nutricionales:

- Calorías: 109
- Sodio: 14mg
- Fibra dietética: 2.9g
- Grasas totales: 1.2g
- Carbohidratos totales: 22.0g
- Proteína: 4.8g

11. Pastel de Mantequilla de Vainilla

- **Tiempo de Preparación:** 5 Minutos
- **Tiempo de Cocción:** 45 Minutos
- **Porciones:** 18

Ingredientes:

- 12 cucharadas de mantequilla sin sal, ablandada (1½ barra)
- 1½ tazas de azúcar granulada
- Semillas de 1 vaina de vainilla
- huevos grandes
- yemas de huevo grande
- tazas de harina
- cucharaditas de polvo de hornear
- 1 cucharadita de sal marina fina
- 1 taza de leche entera
- 1 cucharada de extracto de vainilla.

Indicaciones:

1. Precaliente el horno a 350 ° F.
2. Engrase el fondo de dos moldes redondo para pasteles de 9 pulgadas. Forrar con papel para hornear, en ese momento engrasar y enharinar el papel para hornear.
3. Batir la mantequilla, el azúcar y la vaina de vainilla hasta que esté suave y esponjosa. Ponga los huevos y

176

las yemas de uno en uno, combinando bien después de cada adición.

4. En un tazón distinto, mezcle la harina, el polvo de hornear y la sal. Cambie la batidora a velocidad baja y agregue equitativamente la mezcla de harina y la leche, abriendo y terminando con harina. Raspe los lados, agregar vainilla y batir durante 20 segundos más a velocidad media.

5. Distribuya la masa en los moldes para pasteles preparados. Hornee durante 25 a 35 minutos hasta que los pasteles estén dorados y salten hacia atrás cuando se tocan ligeramente. Deje enfriar en el molde durante 10 minutos, luego llévelo a una rejilla para enfriar hasta que esté completamente frío.

Valores Nutricionales:

- Calorías: 477
- Sodio: 8mg
- Fibra dietética: 13.7g
- Grasas totales: 14.2g
- Carbohidratos totales: 92.6g
- Proteína: 5.1g

12. Pastel de Red Velvet

- **Tiempo de Preparación:** 5 Minutos
- **Tiempo de Cocción:** 45 Minutos
- **Porciones:** 18

Ingredientes:

- ½ taza de manteca vegetal
- 1½ tazas de azúcar granulada
- 2 huevos
- 2 onzas de colorante rojo para alimentos
- 2 cucharadas de cacao en polvo
- 2¼ tazas de harina
- 1 cucharadita de sal
- 1 taza de buttermilk
- 1 cucharadita de bicarbonato de sodio
- 1 cucharadita de vinagre blanco
- 1 cucharada de extracto de vainilla

Indicaciones:

1. Precaliente el horno a 350 ° F.
2. Engrase el fondo de dos moldes redondos de 9 pulgadas para pasteles, forre con papel para hornear, luego engrase y enharine el papel.
3. En el recipiente de una batidora de pie, bata la manteca vegetal, el azúcar y los huevos hasta que

estén suaves y esponjosos. En un tazón pequeño aparte, mezcle 1 onza del colorante rojo para alimentos y el cacao en polvo. Batir en la mezcla de manteca. Agrega el colorante restante.

4. En un bol, bata la harina y la sal. Gire la batidora a velocidad baja y agregue equitativamente la mezcla de harina y el suero de leche, comenzando y terminando con harina. En un tazón pequeño distinto, mezcle bicarbonato de sodio y vinagre, luego vierta en la mezcla del pastel. Mezclar bien. Incorpora la vainilla.

5. Distribuya la masa en los moldes para pasteles preparados. Hornee durante 30 a 35 minutos hasta que los pasteles broten cuando se tocan ligeramente. Deje enfriar en el molde durante 10 minutos, luego retírelo a una rejilla para enfriar hasta que esté completamente frío.

Valores Nutricionales:

- Calorías: 390
- Sodio: 23mg
- Fibra Dietética: 10.4g
- Grasas Totales: 2.9g
- Carbohidratos totales: 88.6g
- Proteína: 10.4g

13. Pastel de Limón

- **Tiempo de Preparación:** 5 Minutos
- **Tiempo de Cocción:** 45 Minutos
- **Porciones:** 18

Ingredientes:

- ½ taza de mantequilla sin sal, ablandada
- 1 ¾ tazas de azúcar granulada
- Ralladura de 2 limones
- yemas de huevo
- ½ cucharadita de extracto de limón
- ½ cucharadita de extracto de vainilla
- 2 ½ tazas de harina
- 2 ½ cucharaditas de polvo de hornear
- ½ cucharadita de sal
- ½ taza de buttermilk
- ¼ de taza de jugo de limón recién exprimido
- cucharadas de yogur de limón.

Indicaciones:

1. Precaliente el horno a 350 ° F.
2. Engrase el fondo de dos moldes redondos para pasteles, forre con papel para hornear, luego engrase y enharine el papel para hornear.

3. En un tazón grande, bata la mantequilla, el azúcar, además, agregue rallladura hasta que esté suave y esponjoso. Agregue las yemas de huevo una a la vez, combinando bien después de cada adición. Agrega los extractos de limón y vainilla.

4. En un tazón distinto, mezcle la harina, el polvo de hornear y la sal. En una taza vertible separada, mezcle suero de leche, jugo de limón y yogur de limón. Gire la batidora a velocidad baja y agregue equitativamente la mezcla de harina y la mezcla de leche, abriendo y terminando con la combinación de harina. Raspe los lados. Batir durante 20 segundos más a velocidad media.

5. Distribuya la masa en los moldes para pasteles preparados. Hornee durante 25 a 30 minutos hasta que los pasteles estén dorados y salten hacia atrás cuando se tocan ligeramente. Deje enfriar en el molde durante 10 minutos, luego llévelo a una rejilla para enfriar hasta que esté completamente frío.

Valores Nutricionales:

- Calorías: 184
- Sodio: 18mg
- Fibra alimentaria: 6.6g
- Grasas totales: 1.5g
- Carbohidratos: 41.1g
- Proteína: 7.3g

14. Pastel de Fresa

- **Tiempo de Preparación:** 5 Minutos
- **Tiempo de Cocción:** 45 Minutos
- **Porciones:** 18

Ingredientes:

- huevos grandes
- 1½ tazas de fresas congeladas con azúcar agregada, descongeladas y en puré
- Jugo de ½ limón
- ¾ taza de aceite vegetal
- 1 cucharada de extracto de vainilla
- tazas de harina leudante
- tazas de azúcar granulada

Indicaciones:

1. Precaliente el horno a 325 ° F.
2. Engrase el fondo de dos moldes redondos para pasteles, forre con papel para hornear, luego engrase y enharine el papel para hornear.
3. Batir los huevos en una taza medidora grande o en un tazón para verter; agregue el puré de fresas, el jugo de limón, el aceite y el extracto de vainilla.

4. En un tazón grande distinto, bata la harina y el azúcar. Batir los líquidos en la mezcla de harina hasta que estén completamente combinados.

5. Distribuya la masa en los moldes para pasteles preparados. Hornee durante 25 a 30 minutos hasta que los pasteles vuelvan a brotar cuando se toquen casualmente. Deje enfriar en la sartén durante 10 minutos, luego retírelo a una rejilla para enfriar hasta que esté completamente frío.

Valores Nutricionales:

- Calorías: 291
- Sodio: 6mg
- Fibra alimentaria: 7.1g
- Grasas totales: 6.2g
- Carbohidratos totales: 58.7g
- Proteína: 6.6g

15. Pastel de Chocolate

- **Tiempo de Preparación:** 5 Minutos
- **Tiempo de Cocción:** 45 Minutos
- **porciones:** 18

Ingredientes:

- 2/3 taza de cacao en polvo oscuro
- 1 taza de café fuerte y caliente
- 1 taza de mantequilla sin sal, ablandada
- 1½ tazas de azúcar granulada
- 1 vaina de vainilla, raspada
- 2 huevos grandes
- 1 cucharada de extracto de vainilla
- 1/3 taza de harina
- 1 cucharada de levadura en polvo
- 1 cucharadita de sal marina fina.

Indicaciones:

1. Precaliente el horno a 350 ° F.
2. Engrase el fondo de dos moldes redondos para pasteles, forre con papel para hornear, luego engrase y enharine el papel para hornear.
3. Batir el cacao en polvo y el café caliente hasta que se combinen. Dejar enfriar.

4. En un tazón, bata la mantequilla, el azúcar y la vainilla raspada hasta que esté suave y esponjosa. Agregue los huevos uno a la vez, fusionando bien después de cada adición. Agrega el extracto de vainilla.

5. En un tazón distinto, bata la harina, el polvo de hornear y la sal. Utilice la batidora a velocidad baja y agregue alternativamente la mezcla de harina y la mezcla de café al tazón con la mantequilla y el azúcar, comenzando y terminando con la mezcla de harina. Raspa los lados. Batir durante 20 segundos más a velocidad media.

6. Distribuya la masa en los moldes para pasteles preparados. Hornee durante 25 a 35 minutos hasta que los pasteles vuelvan a su posición cuando se tocan ligeramente.

Valores Nutricionales:

- Calorías: 494
- Sodio: 261 mg
- Fibra dietética: 6,3 g
- Grasa total: 33,6 g
- Carbohidratos totales: 45,9 g
- Proteína: 5.5g

CAPÍTULO 13: RECETAS DE POSTRES SALUDABLES

1. Sándwich de Helado

- **Tiempo de Preparación:** 5 Minutos
- **Tiempo de Cocción:** 25 Minutos
- **Porciones:** 6

Ingredientes:

- 1 taza de leche entera fría
- ¾ taza de azúcar granulada
- 3 tazas de crema espesa fría
- 1 cucharadita de extracto de vainilla
- 10 piezas de obleas tipo wafer de vainilla
- Ingredientes de su elección (nueces, galletas Graham, malvaviscos)
- Salsa de caramelo comercial

Indicaciones:

1. Ponga agua helada en un tazón grande para mezclar. Coloque un tazón pequeño encima del tazón grande con hielo. Vierta la leche fría y el azúcar en un tazón pequeño y bata hasta que el azúcar se disuelva. Agregue la crema y la vainilla. Revuelve para combinar.

188

2. Coloque el recipiente frío del congelador en la Máquina de Helados Cuisinart. Enciende la máquina y vierte la mezcla. Agregue un paquete de galletas Oreo trituradas cinco minutos antes de que termine el tiempo.

3. Deténgase en 25 minutos hasta que la mezcla se vuelva suave y cremosa.

4. Transfiera a un recipiente hermético y congele durante la noche.

5. Coloque el helado en un bol y cubra con obleas y aderezos de su elección. Rocíe con salsa de caramelo.

6. Sirva inmediatamente.

Valores Nutricionales:

- Calorías por ración: 352
- Proteína: 3,1 g
- Carbohidratos: 44,1 g
- Grasas: 18,5 g
- Azúcar: 31.6g

2. Yogurt Helado de Pistacho y Bayas

- **Tiempo de Preparación:** 5 Minutos
- **Tiempo de Cocción:** 10 Minutos
- **Porciones:** 7

Ingredientes:

- 1 taza de crema espesa
- 1 taza de yogur griego
- 1 taza de leche
- ½ taza de miel
- 2 cucharadas de jugo de limón
- ½ taza de fresas, peladas
- ¼ de taza de pistachos tostados, picados.

Indicaciones:

1 Coloque todos los ingredientes excepto los pistachos en un procesador de alimentos. Procese hasta que quede suave.

2 Encienda el Cuisinart y vierta la mezcla.

3 Batir durante 10 minutos.

4 Transfiera a un recipiente hermético y congele durante la noche.

5 Decora con pistachos antes de servir.

Valores Nutricionales:

- Calorías por ración: 204
- Proteína: 3,7 g
- Carbohidratos: 26 g
- Grasas: 10,7 g
- Azúcar: 24.7g

3. Yogurt Helado de Matcha

- **Tiempo de Preparación:** 5 Minutos
- **Tiempo de Cocción:** 10 Minutos
- **Porciones:** 6

Ingredientes:

- 2 tazas de yogur griego
- ¾ taza de azúcar
- 2 cucharadas de matcha en polvo
- Una pizca de sal

Indicaciones:

1 En un recipiente frío, combine todos los ingredientes.

2 Encienda el Cuisinart y vierta la mezcla.

3 Batir durante 10 minutos.

4 Transfiera en un recipiente hermético y congele durante la noche.

Valores Nutricionales:

- Calorías por ración: 106
- Proteína: 3,1 g
- Carbohidratos: 18,1 g
- Grasas: 2,7 g
- Azúcar: 16.2g

4. Caramel Shortbread Helado
- **Tiempo de Preparación:** 5 Minutos
- **Tiempo de Cocción:** 25 Minutos
- **Porciones:** 8

Ingredientes:

- 1 taza de leche entera fría
- ¾ taza de azúcar granulada
- 2 tazas de crema espesa fría
- 1 cucharadita de extracto de vainilla
- 1 ½ taza de azúcar morena clara compacta
- ½ taza de leche evaporada
- 2 cucharadas de mantequilla derretida
- ½ cucharadita de extracto de vainilla
- 1 paquete de galletas shortbread de nueces de 13 onzas, trituradas

Indicaciones:

1. Ponga agua helada en un tazón grande para mezclar. Coloque un tazón pequeño encima del tazón grande con hielo. Vierta la leche fría y el azúcar en un tazón pequeño y bata hasta que el azúcar se disuelva. Agregue la crema y la vainilla. Revuelve para combinar.

2. Coloque el recipiente frío del congelador en la máquina para hacer helados Cuisinart. Enciende la máquina y vierte la mezcla. Agregue un paquete de galletas Oreo trituradas cinco minutos antes de que termine el tiempo.

3. Deténgase en 25 minutos hasta que la mezcla se vuelva suave y cremosa.

4. Transfiera a un recipiente hermético y congele durante la noche.

5. En una cacerola a fuego medio, mezcle la azúcar morena y la leche. Llevar a ebullición y dejar hervir a fuego lento durante 3 minutos. Retirar del fuego agregar una cucharada de mantequilla y vainilla. Dejar de lado. Esta será la salsa de caramelo.

6. Cubra una sartén de 9x13 pulgadas con aceite en aerosol y presione la corteza en el plato.

7. Extienda el helado con cuidado y de manera uniforme por encima. Cubra con las migas de galleta restantes y vierta la salsa.

Valores Nutricionales:

- Calorías por ración: 539
- Proteína: 4,9 g
- Carbohidratos: 44,7 g
- Grasas: 38,4 g
- Azúcar: 16g

5. Yogurt Helado de Limón y Arándanos

- **Tiempo de Preparación:** 5 Minutos
- **Tiempo de Cocción:** 20 Minutos
- **Porciones:** 5

Ingredientes:

- ½ taza de jugo de limón fresco
- 1 cucharada de ralladura de limón
- 2/3 taza de azúcar
- ¾ taza de arándanos
- ¼ de taza de miel
- 2 tazas de yogur natural de leche entera
- ½ taza de crema espesa.

Indicaciones:

1. En una cacerola, coloque el jugo de limón, la ralladura, el azúcar y los arándanos. Agrega un poco de agua. Enciende el fuego a medio-bajo. Deje que la mezcla hierva a fuego lento hasta que los arándanos adquieran una consistencia similar a una mermelada. Dejar enfriar.
2. En un recipiente frío, mezcle la miel, el yogur y la crema espesa.
3. Encienda el Cuisinart y vierta la mezcla.
4. Batir durante 10 minutos.

5. Cinco minutos antes de que se detenga el batido, agregue la mezcla de arándanos.

6. Transfiera a un recipiente hermético y congele durante la noche.

Valores Nutricionales:

- Calorías por ración: 245
- Proteína: 4,1 g
- Carbohidratos: 42,6 g
- Grasas: 7,8 g
- Azúcar: 40.5g

CONCLUSIÓN

Gracias por llegar al final de este libro.

La Máquina de Postres Helados Yonanas es la máquina de postres helados más saludable y deliciosa del mercado. ¡Convierta un puré de frutas en un batido cremoso y saludable en segundos!

La Máquina de Postres Helados Yonanas es muy fácil de usar y limpiar. Además, es el único postre helado elaborado con una cuchilla trituradora de hielo patentada que pulveriza la fruta fresca en una textura tipo helado sin azúcar ni grasa añadida. Es una forma divertida de disfrutar su fruta fresca y completa en un bocadillo saludable que es tan delicioso que nunca extrañará las calorías o los aditivos que se encuentran en los helados comprados en la tienda.

Los beneficios de tener esta máquina en su casa han sido asombrosos. A mis hijos les encanta tener sus postres congelados, y la mejor parte es que sé que están obteniendo todos los beneficios que las frutas frescas tienen para la salud. También han descubierto tantas frutas nuevas que nunca antes habrían probado.

Y como madre ocupada educando en casa, esta máquina también ha sido maravillosa para mí. Me ha ayudado a crear postres rápidos y saludables que son perfectos para mis hijos activos. También me encanta porque puedo hacer un gran lote el domingo y tener batidos listos para la semana.

Todo lo que debe hacer es llenar la licuadora con fruta fresca (creemos que la fruta congelada es preferible a la fresca) y verter el agua. A veces agregamos un poco de vainilla o leche de almendras para hacerla más rica, pero tampoco nos gusta hacer batidos demasiado espesos, por lo que la mayoría de las veces, solo agregamos un poco más de agua si queremos una consistencia más espesa.

Luego, coloque la cuchilla y presione "GO".

Si hay algunos consejos más que quiero compartir con ustedes, visite el sitio web de Yonanas, donde verá la Caja del Tesoro Rojo.

La Máquina de Postres Helados Yonanas está disponible en Amazon.com por $ 129.99 (precio normal $ 159.99).

Si no tiene una cuenta de Amazon Prime, le recomiendo encarecidamente que obtenga una gratis durante 30 días y eche un vistazo. ¡Hay tantos beneficios que salvarán la vida de mamás ocupadas como yo!

Si desea actualizarse con respecto a la Máquina de Postres Helados Yonanas u otros productos Yonanas, visite su sitio web.

Además, para hacer postres helados fáciles, también puede incluir Yonanas en sus recetas de congelador. Simplemente agregue agua, fruta fresca o congelada y jugo a su receta favorita hasta que se vea como un batido cremoso. Luego combine en la máquina Yonanas.

Para que sus postres helados sean más deliciosos, agregue Yonanas. Y para un postre más saludable, agregue fruta fresca y postres helados Yonanas.

Luego puede congelarlos en porciones individuales y disfrutarlos por la mañana.

La Máquina de Postres Helados Yonanas, 100% Garantía de Devolución de Dinero, Funciona con Cualquier Fruta Fresca o Congelada, retarda el envejecimiento con antioxidantes, infunde sabor en los alimentos

Espero que este libro te haya ayudado de la misma manera que me ayudó a mí. ¡Yonanas es una manera maravillosa para que mi familia obtenga una variedad de frutas y, al mismo tiempo, satisfaga nuestros antojos de algo dulce!

Gracias de nuevo por leer este libro.

CPSIA information can be obtained
at www.ICGtesting.com
Printed in the USA
BVHW090123240521
607867BV00003B/759